JN006560

文化の
ゆるやかな
共鳴を
捉えるために

# 文化的持続可能性とは何か

原 知章
編著

松田俊介
酒井貴広
都築由理子
大澤 誠
山越英嗣
著

What Is
Cultural
Sustainability?

ナカニシヤ出版

# 目　　次

序　章

# 文化的持続可能性とは何か

## 日本から問い直す

原　知章

## 1　はじめに

　近年の海外、特にヨーロッパ、アメリカ合衆国、オーストラリアを中心とする欧米圏では、「文化的持続可能性（cultural sustainability）」を鍵概念とする研究が様々な分野で活発になりつつある。本書の目的は、この文化的持続可能性の概念の意義を、日本の人文学（humanities）の立場から考えることにある。本書の主な読者として念頭に置いているのは、持続可能な開発や「持続可能な開発目標（Sustainable Development Goals: SDGs）」に関心を抱いている学生や社会人のみなさんである。読者のみなさんはおそらく、持続可能な開発をめぐる議論のなかで「文化」が言及される場面を見聞きしたことがあまりないと思う。後述するように、従来の持続可能な開発をめぐる議論、とりわけ政策的議論では、「文化」の視点が後景化してきた面があるのだ。文化的持続可能性を主題とする本書が、読者のみなさんにとって文化の視点から持続可能な開発のあり方を考える契機の1つになれば幸いである。

　本題に入る前に、いくつかの用語・概念について検討しておきたい。まずは「人文学」について改めて考えてみることから始めたい。人文学とは何だろうか。具体的には、人間が生み出してきた文化、歴史、言語、文学、芸術、思想、宗教、哲学などを主な対象とする分野を思い浮かべていただければと思う。これらの分野を扱う人文学は、人間の営みやその所産を、それらをとりまく多様で重層的な歴史的・文化的な文脈 [1) を考慮しつつ、主に質的な側面から捉え、丹念に言語化してきた。そしてそのような記述に基づいて考察を掘り下げ、積み重ね、あるいは比較検討していくことを通じて、人間とは何かという問いに

2

接近しようとしてきた。別の角度から見れば、人文学においては、研究者自身もまた、歴史的・文化的な文脈に位置づけられる存在であると同時に、歴史・文化を再生産していく主体であるという認識が重要な前提となってきた。人文学は、この前提のもとで、自己や他者との対話を通じて人間やその所産に対する洞察を深め、新たな視点を提示し、さらにその視点を相対化していくという営みを重ねてきた。

　ただし、人文学が人間の所産を主な対象としてきたとしても、それは「人間の所産ではないもの」——ここではひとまず「自然」と呼んでおきたい——から切り離されたもの、自然から無関係なものとして人間の所産を捉えている、ということではない。そもそも人間自体が、自然の所産としての側面を有している。また、私たちの身のまわりにも、人為と自然が濃密に絡み合い、両者を明確に区別しがたいものが多々存在する。そこでは、人間と自然のいずれか一方のみが「アクター」（外界に対して何らかの影響を及ぼしうる存在）であるというわけでもない。人文学においても、このような人為と自然の間の関わりやつながりを対象とする「環境人文学」と呼ばれる領域の研究が活発になりつつある［野田ほか 2017a, 2017b］。これらの研究に代表されるように、近年の人文学では、人為と自然をそれぞれ独立した実体として捉える二元論的な見方が、改めて問い直されてきた。現代の人文学は、人間の所産とは（あるいは自然とは）それを見る側の視点を離れて実在するものではない、という考え方を基本としつつも、人間中心主義を問い直し、人間の所産というだけにとどまらない世界の生成と変化の様相を包括的に見つめなおそうとしているのである。本書の各章の執筆者は、文化人類学（以下、人類学）、民俗学、考古学を専門としているが、これら個別の分野にとどまらず、以上に概観した人文学の基本的な特

---

1）たとえば、何かを食べるという人間の行為の意味は、いつ、どこで、誰と、何を、どのように食べるのかによって、大きく異なる場合がある。これらが、食べるという行為の「文脈」となる。また、このうち「いつ」という時間的文脈について考えてみると、どの時代か、どの季節か、1日のなかのどの時間帯か、というように、様々な視点から捉えることができる。このように、人間の営みやその所産をとりまく文脈は、しばしば重層的に構成される。また、文脈の構成要素となり得る事象と、それに対する視点のとり方は無数に存在する［蔵持 2007］。私たちは、これら無数の事象から一部を取捨選択したものを「文脈」として構築しているのである。

徴と近年の動向をふまえて、持続可能な開発について改めて考えていく姿勢を共通の出発点としている。

　次に、本書の主題である「持続可能な開発」について考えてみたい。「持続可能な開発」の原語である sustainable development は、日本では「持続的開発」や「維持できる発展」など様々に訳されてきたが［江澤 2007］、本書では、今日もっとも普及している「持続可能な開発」という語を基本的に用いる。なお、「持続可能な開発」と密接に関わる概念に「持続可能性／サステナビリティ[2]（sustainability）」がある。両者の関係については、「持続可能な開発」と「持続可能性」は本来異なる概念である、とする説がある［Barrow 2018］。たしかに、「持続可能な開発」と「持続可能性」の間には、意味やニュアンスの違いが見られる場合がある。たとえば、持続可能な開発が「成長／発展」[3]をしばしば含意するのに対して、持続可能性は「脱成長／脱発展」を——さらには「脱開発」を——含意することがある。また、これとは対照的に、この2つが同義の概念として用いられることもある［Johnston et al. 2007］。実際、文化的持続可能性関連の研究でも、この2つが同義の概念として用いられているケースが少なくない。このように、「持続可能な開発」と「持続可能性」をめぐっては込み入った状況がある。このことを念頭に置きつつ、本書では、主に「持続可能な開発」という用語・概念を用いる。その定義については様々な検討が重ねられてきているが［Griggs et al. 2013；Imran et al. 2014；IUCN et al. 1991］、後述する「環境と開発に関する世界委員会」によって提示され、今日まで国連によって踏襲されている「将来の世代が自らの欲求を充足する能力を損なうことなく、今日の世代の欲求を満たすこと」［環境と開発に関する世界委員会 1987：

---

2)「サステイナビリティ」や「サスティナビリティ」と表記されることもあるが、本書では原則として「サステナビリティ」という表記で統一する。
3)「成長（growth）」と「発展（development）」の概念の間には、重要な違いを見いだすことができる。「成長」がその対象の量的な面での増加・拡大を重視するのに対して、「発展」は対象の質的な面での向上を重視する［メドウズほか 1992］。しかし、この2つは——さらにいえば「開発」も含めて——同義の概念として用いられることもある。たとえば蟹江憲史は、SDGs を「持続可能な開発目標」ではなく、「持続可能な成長目標」や「持続可能な発展目標」と訳したほうが、日本人には受け入れられやすいのではないか、と述べている［蟹江 2020：1–2］。

28：cf. 国際連合広報局 2018：252］という定義を念頭に置いて議論を進める。本書では、「将来の世代」に、将来この世に生を受ける人びとだけでなく、現在の若い世代のみなさんも含めて考えておきたい。ただし、「文化的持続可能性（cultural sustainability）」に関しては、意味的に重なる語として「文化的に持続可能な開発（culturally sustainable development）」［Throsby 2017］という用語が用いられることもあるものの、前者のほうが普及しつつある。そこで本書においても、文化的持続可能性という用語を統一的に用いる。

　本章の構成は以下のとおりである。第2節では、持続可能な開発をめぐる議論において、今日、主流の概念枠組みとなっている「3本柱フレームワーク」を概観する。第3節では、この3本柱フレームワークの主流化が進む一方で、これに対抗するように広がりを見せてきた文化的持続可能性の概念と、関連する研究の展開過程をたどる。第4節では、これまで主に海外で展開されてきた文化的持続可能性関連の研究に対して、日本から／人文学からどのような応答が可能かを考察する。第5節では、本書を構成する各章の概要を紹介する。

## 2　3本柱フレームワークの主流化

　本章の議論の出発点として取り上げるのは、持続可能な開発を「経済・社会・環境」という3つの「柱」[4] で構成されるものとして捉える概念枠組みである（図0-1）。本章では、この概念枠組みを「3本柱フレームワーク」と呼ぶことにしたい。

　図0-1では、経済・社会・環境が、持続可能な開発という「屋根」を支える「柱」として描かれているが、3本柱フレームワークには、この他にいくつかのバリエーションがある。たとえば、図0-2のように、経済・社会・環境の関係がベン図で示されることも多い。図0-2では、経済・社会・環境を、それぞれ独立した「柱」というよりもむしろ相互に関連する「領域」として把握す

---

4）後述するように、「3つの柱」ではなく、「3つの領域」「3つの側面」「3つの次元」などと表現されることもあるが、管見の限りでは、海外における持続可能な開発関連の研究では、「3つの柱（three pillars）」という表現がもっともよく用いられている。本書では、このことを考慮して「3本柱フレームワーク」という用語を採用した。

べきという点や、持続可能な開発とは経済・社会・環境の3領域の調和、あるいは「Win-Win-Win関係」を目指すことであるという点が──その実現のハードルの高さとともに──明示されている。

**図 0-1　3本柱フレームワーク**
［Benson & Craig 2017：37］（一部改変）

　また、3本柱フレームワークは、図0-3のように同心円の図で示されることもある[5)]。これは、経済・社会・環境の3領域が、「環境なくして社会なし、社会なくして経済なし」という関係にあることを明確に図示しようとしたものである。近年、人口に膾炙している「SDGsウェディングケーキモデル」（図0-4)[6)] も、この同心円バージョンの3本柱フレームワークに基づいている。

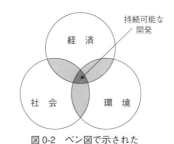

**図 0-2　ベン図で示された 3本柱フレームワーク**
［Benson & Craig 2017：38］（一部改変）

　このように、3本柱フレームワークにはいくつかのバリエーションがある。ただ、いずれの場合も、経済・社会・環境を持続可能な開発における3つの柱──「3つの領域」「3つの側面」「3つの次元」などと表現されることも多い──として把握する点では共通している。3本柱フレームワークは、下記のように、今日の国連における持続可能な開発の捉え方にも反映されている。

**図 0-3　同心円図で示された 3本柱フレームワーク**
［Benson & Craig 2017：40］（一部改変）

---

5) 国際科学会議（現：国際学術会議）では、SDGsの策定に先立って、持続可能な開発の概念を改めて検討し、「現在および将来の世代の人類の繁栄が依存している地球の生命維持システムを保護しつつ、現在の世代の欲求を満足させるような開発」［蟹江 2020：62］と再定義した。この定義とともに提示された持続可能な開発の概念枠組みもまた、図0-3と同様に表現されている［Griggs et al. 2013：306］。
6) SDGsウェディングケーキモデルは、スウェーデンのストックホルム・レジリエンス・センターによって2016年に考案された［Stockholm Resilience Centre 2016］。

6

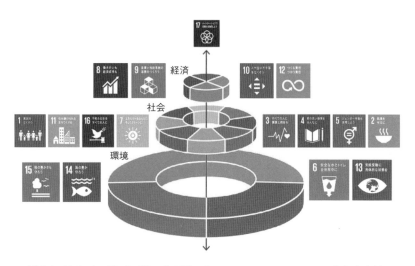

図0-4　SDGsウェディングケーキモデル［Stockholm Resilience Centre 2016］（一部改変）

　持続可能な開発とは、「将来の世代の欲求を満たしつつ、現在の世代の欲求
も満足させるような開発」と定義づけられているが、人々と地球のために
包摂的、持続可能な、レジリエント、すなわち強靭な未来を築くことを求
めている。この目的を達成するために三つの核心的要素、すなわち経済成
長、社会的包摂、環境保全を個人と社会の福祉のために必要な要因として
その調和を図ることが不可欠である。［国際連合広報局 2018：252］

　３本柱フレームワークのような概念枠組みは、様々な学問分野や社会領域を
横断して「開発」をめぐる議論を行なう際の共通の土台として、重要な役割を
果たす。それでは、３本柱フレームワークは、いつ頃現われたのだろうか。ま
た、３本柱フレームワークが現われる以前、「開発」はどのような概念枠組みの
もとで捉えられていたのだろうか。
　歴史を振り返れば、そもそも開発が重要な課題として広く認識されるように
なったのは、第２次世界大戦後のことであった。当時の開発は、経済という「１
本柱」のもとで捉えられていた。20世紀後半以降、多くの国・地域において、
経済成長を遂げて人びとが物質的に豊かな生活を送れることが、重要な社会

的・政策的な目標として掲げられるようになったのである。その後、今日に至るまでの間に、地球の人口は激増し、多くの人びとの生活に、グローバル資本主義経済が浸透した。一方この間に、人びとの間の社会経済的格差は著しく拡大し、地球規模の気候変動や生物多様性の喪失も進んだ。やがて、このような時代——「大加速」[Steffen et al. 2015；cf. Steffen et al. 2005][7]と近年呼ばれるようになっている時代——における開発のあり方が模索されるなかで、「持続可能な開発」が提唱されるに至った。

　持続可能な開発という概念が世界的な影響力を持つようになる大きな契機となったのは、国際自然保護連合・国連環境計画・世界自然保護基金の3団体の協力のもとで策定された1980年の「世界自然資源保全戦略」[IUCN et al. 1980] と、国連に設置された「環境と開発に関する世界委員会」による1987年の提言 [環境と開発に関する世界委員会 1987] であった。この頃までの開発をめぐる国際的な議論が、いわゆる「開発途上国」を主に念頭に置いていたのに対して、その後、持続可能な開発という概念の普及とともに、開発のあり方やその進め方を、いわゆる「先進国」も含めた世界全体の課題として位置づける認識が広がった。2016年から世界的に取り組みが進められているSDGsもまた、このような動向の延長上に位置づけることができる。

　持続可能な開発を、経済・社会・環境という3つの側面から把握する3本柱フレームワークは、1980年代には現われていた。実は、「持続可能な開発」という語が世界で初めて用いられた公的文書と考えられる先述の「世界自然資源保全戦略」において、すでに「〔持続可能な開発では〕経済的な要因だけでな

---

7)「大加速」とは、20世紀後半以降、人間の諸活動の急拡大と地球環境破壊の加速化が同時並行的に進んできた現象を指す [Steffen et al. 2015]。「大加速」を提唱したウィル・ステッフェンらの研究は、「人新世（Anthropocene）」の概念に触発されたものであった。今日「人新世」の概念は、様々な学問分野や社会領域において広く用いられるようになっている。しかしこの概念は、過去と現在のすべての「人類」（Anthropos はギリシャ語で「人類」を意味する）が、今日の地球環境問題の責任を負っているというニュアンスを帯びてしまう点で問題を含んでいる [Malm & Hornborg 2014]。すでに、「人新世」に代わる概念として「資本新世（Capitalocene）」[ムーア 2021]、「経済新世（Econocene）」[Norgaard 2013]、「科学技術新世（Technocene）」[López-Corona & Magallanes-Guijón 2020] などが提起されている。ただし、これらの概念のいずれを採用するにしても、「大加速」の概念は重要な意義をもつと考えられる。

く、社会的、そして生態学的な要因も考慮しなければならない」[IUCN et al. 1980：1] と論じられていた。また、「環境と開発に関する世界委員会」による提言にも、「今必要なのは、勢いに満ち、同時に社会的にも環境保全上も持続的である、新たな経済成長の時代を創り出すこと」[環境と開発に関する世界委員会 1987：「ブルントラント委員長の緒言」より] である、という主張が盛り込まれていた。1980 年代には、3 本柱フレームワークは、これら政策的議論だけでなく学術的議論においても取り上げられるようになった [Barbier 1987；cf. Purvis et al. 2018]。その後 1990 年代になると、企業会計の枠組みに社会的要素と環境的要素を組み込むこと――これは「トリプルボトムライン（Triple Bottom Line）」と呼ばれた――が提唱され [Elkington 1994]、3 本柱フレームワークは民間セクターでも広がりを見せた[8]。

　3 本柱フレームワークが持続可能な開発をめぐる政策的議論における主流の概念枠組みとしての位置を確立したのは、2002 年のヨハネスブルク・サミット（持続可能な開発に関する世界首脳会議）においてであった [矢口 2010；Moldan et al. 2012]。同サミットの成果であるヨハネスブルク宣言では、経済・社会・環境が、持続可能な開発の「相互に依存し、相互に補強する柱」[United Nations 2002：1] であると位置づけられた。以後、3 本柱フレームワークは世界的に普及してきた。3 本柱フレームワークは、日本においても、持続可能な開発に関連した政策や取り組みのなかで用いられている。たとえば、日本における国家レベルの持続可能な開発戦略（National Sustainable Development Strategies: NSDS）の一環として位置づけられる環境基本計画では、2006 年に策定された第 3 次計画以降、経済・社会・環境の統合的向上という目標が掲げられてきた[9]。また、日本政府が SDGs 関連の施策として推進している「地方創生 SDGs」でも、「経済・社会・環境の三側面における新しい価

---

8) 「トリプルボトムライン」の主唱者として知られるジョン・エルキントンは、近著において、世界を持続可能なものにするためには、トリプルボトムラインの概念だけではもはや不十分であると述べている [Elkington 2020]。そして、現在の経済システムを、経済・社会・環境の 3 つの側面におけるレジリエンス（何らかのダメージを受けたときに、その状態から回復する力）を重視した「再生型資本主義（regenerative capitalism）」に変えていく必要があると論じている。

値創出及び課題解決」［自治体 SDGs 推進評価・調査検討会 2023：1］が重視されている。

　このように、3 本柱フレームワークは今日国内外で普及している。しかし他方では、3 本柱フレームワークや、それに基づく持続可能な開発の理念や施策に対して、様々な角度から批判的検討もなされている［Springett 2005, 2013］。近年、AI、ロボット、IoT などの科学技術イノベーションの推進を通じて「緑の経済成長（green growth）」を実現しようとする動きが世界的に加速しているが、従来の資本主義経済システムを前提とした「緑の経済成長」の取り組みは、「環境」や「社会」に過剰な負荷をかけつづけるものでしかない——しかもその負荷が、一層外部化・不可視化されてしまう危険性がある——という指摘は、その最たるものであろう［斎藤 2020；cf. Hickel 2019］。この「経済・社会・環境」の間のトリレンマ [10] に加えて、「緑の経済成長」を目指す取り組みのなかには、環境の配慮が見せかけにすぎない「グリーンウォッシュ」が含まれているのではないかという懸念も示され続けている［Jacobs & Finney 2019］。これらの問題は、少なくとも部分的には、持続可能な開発という概念につきまとう経済成長優先主義に由来すると考えることもできる。これらをはじめとして、様々な問題に直面する持続可能な開発をめぐる理念や目標、それに基づく施策や計画、そして日々の生活における実践に、私たちはどのように向きあい、これらをどのように更新していくことができるだろうか。

## 3　文化的持続可能性関連研究の展開

　ここで本書が注目したいのは、持続可能な開発をめぐる議論、とりわけ政策

---

9) 1992 年に開催された「環境と開発に関する国際連合会議（地球サミット）」を契機として、各国の政府には国家レベルでの持続可能な開発戦略（NSDS）の策定が求められるようになった。日本では、これを受ける形で環境基本法（1993 年）と環境基本計画（1994 年）が策定された。環境基本計画は、以後、約 6 年ごとに更新されている。現行の計画は 2018 年に策定された第 5 次計画である（2023 年 6 月現在）。

10) 2 つの選択肢のどちらかを選ばなければならず、しかもどちらを選んでも何らかの不利益が生じる状況に直面することをジレンマというが、これと類似した状況で、かつ選択肢が 3 つある場合をトリレンマという。

的議論において３本柱フレームワークが主流化していくなかで、「文化」の視点が後景化してきたという点である。たしかに、開発をめぐる政策的議論では、本書の第５章でも詳述されているように、「文化的多様性の尊重」や「開発における文化的側面の重要性」といった論点が繰り返し取り上げられてきたし、理念としても謳われてきた［cf. 西海 2012；Garner 2016；Kangas et al. 2018；World Commission on Culture and Development 1995］。しかし、総じていえば３本柱フレームワークに基づく政策的議論では、「文化」の視点はしばしば「社会」や「経済」の視点のなかに埋もれてきた［cf. 関根 2021］。SDGs に関しても、蟹江憲史は次のように指摘している。

> SDGs に含まれない重要な社会的側面があることは、常に留意しておく必要がある。たとえば、文化の側面である。［…］文化の多様性や文化振興などに触れるターゲットはあるものの、目標自体に文化は含まれていない。
> ［蟹江 2020：29］

　さらに蟹江は、「SDGs では十分表現されていないが、今後「ポスト SDGs」へ向けて強化される余地があるとすれば、その一つは文化的な側面かもしれない」［蟹江 2020：101］とも述べている。

　このように、持続可能な開発をめぐる政策的議論において文化の視点が後景化してきたことへの問題意識を大きな背景として、欧米圏では近年、人文学から社会科学や自然科学に至るまで様々な分野において、持続可能な開発と文化の関わりに関する議論が活発化しつつある［Dessein et al. 2015b；Soini & Birkeland 2014］[11]。これらの議論における「文化」には、人びとの行動様式・生活様式・価値観などを意味する広義の文化概念だけではなく、芸術・アートをはじめとする人びとの表現活動や教養などを意味する狭義の文化概念も含まれる［スロスビー 2002；Hawkes 2001］。大づかみにいえば、前者の広義の文化概念が用いられる場合には、ある一群の人びとやその人びとが暮らす地域・

---

11) 近年の日本における持続可能な開発と文化の関わりに関する代表的な議論としては、関根［2021］や内閣府日本学術会議事務局［2020］が挙げられる。

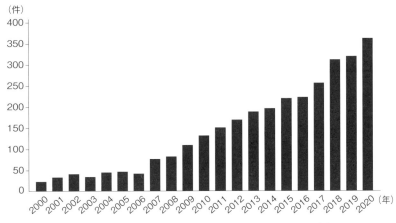

図 0-5 「文化的持続可能性」関連の英語論文・記事の件数（2000–2020 年）（筆者作成）

時代に特徴的に見られる有形無形の文化的要素──なかでも、将来世代に継承すべき価値があると評価されたものはしばしば「文化遺産」と呼ばれる──に焦点を当てる場合と、特徴的に見られるかどうかにかかわらず、人びとの間で共有された行動様式や生活様式、あるいはこれらと密接に関わる価値観・規範・認識・観念などとして捉える場合がある。また、後者の狭義の文化概念が用いられる場合には、「高級な／高尚な／洗練された」といった高い価値を付与される文化的要素だけでなく、いわゆる「大衆文化」や「ポピュラー文化」、あるいは博物館・美術館・図書館・劇場などの「文化施設」まで含めて捉えようとする場合が多い。

　なかには、以上のように複眼的に捉えることができる「文化」を「経済・社会・環境」の 3 本柱のうちの「社会」の一部として位置づけている研究者もいる［Cuthill 2010］。しかし、「文化」は「社会」とは別に位置づけるべきと論じる研究者も少なくない［Soini & Dessein 2016］。そして、こうした議論を通じて文化的持続可能性の概念が提唱され、広がりを見せてきた。図 0-5 は、2000 年から 2020 年の間に公表された、文化的持続可能性に関連する英語の雑誌論文・記事の件数の推移を表したグラフである[12]。このグラフから、2000 年代後半以降、該当する論文・記事の件数が右肩上がりで増えてきていることがわかる。

　早い時期に文化的持続可能性の概念を唱えていた研究者としては、フランス

の経済学者のイグナチ・サックスが挙げられる。サックスは1980年代にすでに、持続可能な開発には社会的持続可能性、経済的持続可能性、生態学的持続可能性、地理的持続可能性、そして文化的持続可能性という5つの次元があると論じていた［Sachs 1988］。この「5つの次元」論では、文化的持続可能性と並んで地理的持続可能性という概念も提唱されていた点が注目される。サックスが、地理的持続可能性の概念によって示そうとしたのは、環境問題や人間の福祉をめぐる諸課題の解決や緩和のために、人口や経済活動が都市部に集中している状況を改善して、地理的にバランスのとれた状況を目指すことの重要性であった。そして、文化的持続可能性の概念によって示そうとしたのは、個々の地域で持続可能な開発を実践する際に、各地の文化的特徴に合わせてローカル化していくことの重要性であった。サックスは、5つの次元のなかでも文化的持続可能性の実現がもっとも困難であろうと指摘していた。この「5つの次元」論は、3本柱フレームワークに対する批判的検討を先取りしていたともいえる。サックスは、1970年代から国連において環境・開発関連のアドバイザーを務めるなど、国際的に大きな影響力を有する経済学者でもあった。ただ管見では、「5つの次元」論は、その後の持続可能な開発をめぐる学術的議論、あるいは文化的持続可能性関連研究（以下、CS関連研究）に大きな影響を及ぼさなかったように見える。

近年のCS関連研究に大きな影響力をもった代表的な論者としては、オーストラリアの経済学者のデヴィッド・スロスビーと、同じくオーストラリアの独立研究者であるジョン・ホークスが挙げられる。

スロスビーは文化を、①特定の人びとの間で共有される価値観・信念・慣習・制度など、②人間の知的・道徳的・芸術的な活動とそこから生まれる産物、という2つの視点から捉えた［スロスビー 2002：22］。そのうえで、この二重の意味での文化の価値（＝文化的価値）と、文化的価値を内在する有形無形の「文化資本」[13]を、持続可能な開発における不可欠の要素として位置づけた。スロスビーは経済学者であることから、文化を経済的価値によって測ろう

12）早稲田大学図書館が提供するディスカバリーサービスを利用して、タイトルや主題に「cultural sustainability」もしくは「cultural sustainabilities」を含む英語の雑誌論文・記事を検索し、その結果をグラフにまとめた。

としたのではないか、と思われる方もいるかもしれない。しかし、スロスビーにとって文化的価値は経済的価値から区別されるものであり、文化資本は経済資本よりもむしろ自然資本と共通性をもつものであった[14]。自然資本と文化資本はいずれも、多様性をその重要な特質とする。また、両者はいずれも、過去世代から現在世代へと受け継がれてきた「遺産」に由来し、いったん失われるとその再生が困難な場合が少なくない。そのため、将来世代へと継承すべく現在世代が管理していく必要がある。したがって、自然資本と同様に、文化資本についても持続可能性という観点から考えることが重要になる、とスロスビーは主張した［スロスビー 2002：78-102］。

　一方ホークスは、文化を、①人びとの間のコミュニケーションの過程、②そのコミュニケーションを通して生まれる産物、③これらの根底にある社会的に構成された価値観や欲求、という3つの視点から捉えた［Hawkes 2001：3-4］。このように、人びとの間のコミュニケーションを通じた文化の生成に注目する点に、ホークスの文化観の特徴がある。ホークスは、人びとが活発なコミュニケーションを通じて、お互いの価値観や欲求から学び合いつつ、多彩な文化的産物を共に創造していくことができる文化的な活力の持続もまた、持続可能な開発の重要な「柱」であると主張した。そして文化を、経済・社会・環境という3本柱から区別される「第四の柱」として位置づけた［Hawkes 2001：25］。

　このように、スロスビーとホークスの議論には相違点が見られる一方で、その後の CS 関連研究に大きな影響を及ぼした共通点も見られる。すなわち、スロスビーとホークスはいずれも、持続可能な開発における文化の位置づけや役割を論じる際に、文化を複眼的に捉えようとしたのである。

　2000 年代に入ると、アメリカ合衆国では民俗学の分野において、スロスビ

---

13) 文化資本という概念は、分野や研究者によって異なる意味で用いられることがあるため注意が必要である。たとえばピエール・ブルデューは、個人が身につけた教養や美的センス、あるいは学歴などを文化資本と呼んだ［Bourdieu 1986］。一方、スロスビーがいう文化資本は、このブルデュー的な概念とは異なり、文化的価値を内在するがゆえに、個人的あるいは集合的な便益を提供してくれる有形無形のものを広く含意している［スロスビー 2002：78］。

14) 自然資本とは、自然が人間に提供する様々な資源のストックと、そのあり方や人間による活用の仕方を規定する生態学的プロセスを意味する概念である。

ーやホークスの議論の影響を受けつつも、民族音楽・民俗音楽の持続可能性
など文化的持続可能性への独自の研究関心が高まっていった点が注目される
［Cooley 2019；Titon 2009］。アメリカ民俗学は、民俗文化や文化遺産の保護・
保全に関する研究・実践に取り組んできた長い歴史を有している［Feintuch
1988；Sawin & Zumwalt 2020］。しかし、文化的持続可能性への関心は、必ず
しも文化の保護・保全を目的としたこれらの研究・実践の延長上にあるわけで
はない［Mason & Turner 2020］。

　かつてのアメリカ民俗学の研究・実践は、ジェイムズ・クリフォードが「エ
ントロピック」と形容して批判的に論じた文化の語り口にしばしば基づいてい
た［クリフォード 2003］。エントロピックな語り口とは、近代化やグローバル
化の進展によって、世界各地の多様な伝統文化が破壊され、文化の均質化が進
んでいく、とする文化の捉え方のことである。このエントロピックな語り口の
もとでは、伝統文化が消滅する前にその記録を残し、さらには保護・保全する
ことに重要な意義が見いだされる。

　これに対して、近年のアメリカ民俗学では、文化は人びとによって常に更新
され、創造されていくという認識に基づいて、民俗学者自身を含む文化に関わ
る多様なアクターの関係のあり方を重視した研究や実践が展開されるようにな
っている［Baron & Spitzer 2007］。このことは、マイケル・メイソンとローリ
ー・ターナーが、近年のアメリカ民俗学における研究動向をふまえて提起した、
以下の文化的持続可能性の定義にも見て取ることができる。

　　文化的持続可能性とは、人びとの関係性を育み、社会文化的生態系[15]に
　　関する知識を生み出し、コミュニティの活力とウェルビーイングの度合い
　　を高め、そして人びとが生活のなかで豊かな表現活動を展開できるような、

15) 近年「社会 - 生態システム（Social-Ecological Systems: SESs）」という概念が様々な
　　分野で普及してきているが［Ostrom 1990；Redman et al. 2004］、メイソンとターナ
　　ーがいう「社会文化的生態系」は、これとは異なる概念である。前者が、生物学的・
　　物理学的なプロセスとしての生態系と人間の所産としての社会を 1 つのシステムと
　　してトータルに把握しようとする概念であるのに対して、後者は、人間の所産として
　　の社会・文化を「生態系」というメタファーのもとで把握しようとする概念である
　　［cf. 蔵持 2007］。

多様で倫理的な介入につながる、創造的で互酬的な研究や実践[16]のことである。[Mason & Turner 2020：88]

　この定義に集約的に表現されているように、近年のアメリカ民俗学におけるCS関連研究では、文化の保護・保全以上に、文化の担い手となるコミュニティの活力や創造性の持続という点が重視されている。アメリカ民俗学の重要な研究・実践の拠点であるスミソニアン民俗文化遺産センターにおいても、上記のように定義される意味での文化的持続可能性が、最重要の課題として位置づけられるようになっている［Smithsonian Center for Folklife and Cultural Heritage n.d.］。

　一方ヨーロッパでは、2000年代に様々な分野においてCS関連研究が現われはじめた［Soini & Birkeland 2014］。そしてこれらの研究の展開をふまえて、2010年代には欧州科学技術研究協力機構（The European Cooperation in Science and Technology: COST）[17]によって、「文化的持続可能性の検討」という大規模な学際的・学融合的な研究プロジェクト（以下、COSTプロジェクト）が実施された。このCOSTプロジェクトは、2011年から2015年にかけて、ヨーロッパ内外の26ヵ国から約100名にのぼる様々な分野の研究者が参加して実施され、これまでに多くの研究成果を生み出している[18]。2015年にはプロジェクト自体の報告書も刊行されたが［Dessein et al. 2015b］、これはCS関連研究の重要な里程標をなすものといえる。同報告書では文化的持続可能性という概念が3つの視点から整理され、それぞれの視点が図0-6のように表現されている。

---

16) ここでいわれる「倫理的な介入につながる、創造的で互酬的な研究や実践」とは、従来アクション・リサーチと呼ばれてきた社会調査の手法に重なるものである。アクション・リサーチとは、調査者と調査対象となる人びととの協働を通じて、課題の発見や解決に向けた応用的な実践とその過程に関する基礎的な記述・分析を統合的に進めていく調査の手法である。
17) 欧州科学技術研究協力機構（COST）は、1971年にヨーロッパにおいて設立された国際的な科学技術協力に関する機構である。国境を越えた研究活動のネットワーク構築の促進を通じて、ヨーロッパを単一の研究領域として統合する欧州研究圏（European Research Area）の実現に向けた重要な手段として位置づけられている。

持続可能な開発における文化　　持続可能な開発のための文化　　　持続可能な開発という文化

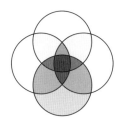 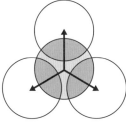 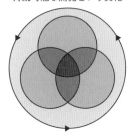

**図 0-6　文化的持続可能性の概念における３つの視点**

（※濃い色の円は文化を、その他の円は経済・社会・環境を表している）

[Dessein et al. 2015b：29]（一部改変）

　第一の視点は、左のベン図によって表現されている。この図は、経済・社会・環境に加えて、文化を持続可能な開発の第四の柱として位置づける「持続可能な開発における文化」という視点を表している。この視点のもとでは、どのような文化をどのように将来世代へと継承していくのか、という問いが重要になる。すなわち、これは「目的としての文化」の視点と呼ぶことができる。

　第二の視点は、中央のベン図によって表現されている。この図は、経済・社会・環境という３領域における課題解決[19]やその調和を目指すうえで媒介になるものとして文化を位置づける「持続可能な開発のための文化」という視点を表している。この視点のもとでは、従来の３領域における持続可能性を実現するための手段として文化をどのように活用することができるのか、という問いが重要になる。すなわち、これは「手段としての文化」の視点と呼ぶことができる。

---

18）COST プロジェクトの代表的な研究成果としては、世界的な人文社会科学系の学術出版社であるラウトレッジ社から刊行されている *Routledge Studies in Culture and Sustainable Development*（文化と持続可能な開発に関するラウトレッジ叢書）というシリーズ本が挙げられる。このシリーズ本は、2023 年 7 月現在、11 冊刊行されており、そのテーマは、都市、文化遺産、芸術、観光、教育、自然と文化のインターフェースなど多岐にわたっている［Auclair & Fairclough 2015；Birkeland et al. 2018；Blanc & Benish 2016；Dessein et al. 2015a；Duxbury 2021；Garner 2016；Hristova et al. 2015；Lehtomäki et al. 2017；Lettau et al. 2022；Skjerven & Reitan 2017；Spinozzi & Mazzanti 2017］。

19）本章では「課題解決」という概念を、課題として認識されている状況の緩和やそうした状況への適応なども含めて広く捉えておきたい。

　第三の視点は、右のベン図によって表現されている。この図は、持続可能な開発の基盤として文化を位置づける「持続可能な開発という文化」という視点を表している。この視点のもとでは、持続可能な開発につながる価値観・規範・生活様式などが、当該社会においてどの程度共有されているのか、あるいはこれらをどのように共有していくのか、という問いが重要になる。すなわち、これは「土台としての文化」の視点と呼ぶことができる。

　COST プロジェクトの報告書では、このように文化的持続可能性という概念を３つの視点から整理したうえで、持続可能な開発をめぐる議論や取り組みにおいては、このうちのどれか１つの視点だけではなくて、３つの視点のいずれもが重要になると結論づけている。これを「３つの視点」論と呼ぶならば、「３つの視点」論は、ヨーロッパはもとより、世界各地における個別具体的な CS 関連研究の広がりに裏打ちされたものであった。この点に関連して、カトリーナ・ソイニとインガー・バークランドは、COST プロジェクトの一環として、80 以上にのぼる関連論文を検討し、CS 関連研究を以下の７つのタイプに分類している［Soini & Birkeland 2014］。なお、以下の「Ⅰ型、Ⅱ型……Ⅶ型」というナンバリングは、個々の研究のタイプを区別しやすくするために筆者が付したものである。

　Ⅰ型（cultural heritage）：文化遺産の保護や継承
　Ⅱ型（cultural vitality）：文化遺産や文化施設等の活用による地域社会の活性化
　Ⅲ型（economic viability）：文化遺産や芸術等の活用による地域経済の活性化
　Ⅳ型（eco-cultural resilience）：地域における生態系と文化の結びつき
　Ⅴ型（eco-cultural civilization）：持続可能な開発における人びとの価値観や
　　生活様式の変容
　Ⅵ型（cultural diversity）：開発プロジェクトの策定や実施における地域の文
　　化的多様性への配慮
　Ⅶ型（locality）：人びとの価値観や文化的権利に基づくボトムアップ型の開発

　これら７つのタイプの研究について簡単に解説しよう。
　まずⅠ型は、文字通り、有形無形の文化遺産をどのように保護し、将来世代

へと継承していくのかを問う研究である。一方、Ⅱ型は、文化遺産や文化施設等を活用することによって、地域社会が文化的な活力をどのように維持していくことができるのかを問う研究である。つまり、Ⅰ型が文化それ自体の持続可能性に焦点を当てているのに対して、Ⅱ型は文化を活用する社会のあり方を重視している。Ⅲ型とⅣ型も、Ⅱ型と同様に、文化の活用に焦点を当てた研究である。Ⅲ型が、経済面での持続可能な開発関連の課題解決において文化をどのように活用できるのかを追究する研究であるのに対して、Ⅳ型は、環境面での課題解決において文化——とりわけ地域における人びとと生態系の伝統的な関わり方——をどのように活用できるのかを追究する研究である。「3つの視点」論からすると、Ⅰ型は「目的としての文化」の視点に基づく研究として、Ⅱ型・Ⅲ型・Ⅳ型は「手段としての文化」の視点に基づく研究として位置づけることができる。

　Ⅴ型も、Ⅳ型と同様に、特に環境面での課題解決を念頭に置いているものの、そのために人びとの生活様式や価値観を従来のもの——たとえば、化石燃料に依存した生活様式——からどのように変革していくのかを中心的な問いとする研究である。このⅤ型からは、CS関連研究において、文化が、必ずしも保護され、継承されるべき「資本」として把握されているわけではないことを改めて確認できる。換言すれば、文化的持続可能性の概念は、文化の変革や創造をも射程に入れており、この点で「この国／地域の文化を守らなければならない」といった文化的な保守主義やナショナリズム／ローカリズムとは一線を画すといえる。Ⅵ型とⅦ型は、課題解決の領域を問わず、何らかの持続可能な開発関連のプロジェクトを策定し、実施していく過程で、どのように文化的多様性に配慮し、尊重していくのか、という問いに関わる研究である。Ⅵ型は、たとえば行政主導によるトップダウン型の開発プロジェクトを具体化していく過程で、地域住民の声をどのようにプロジェクトに生かし、織り込んでいくのか、という点に注目するのに対して、Ⅶ型は、そもそも住民、なかでも様々な意味においてマイノリティの立場にある住民が、何を望んでいるのか、どのような文化をどのようにして存続させ、将来世代へと継承していきたいと考えているのか、という点に注目する。Ⅵ型とⅦ型を比較すると、後者のほうがボトムアップ型の開発への志向が強いが、いずれも、単に既存の文化を開発プロジェク

トに反映するというだけでなく、住民間のコミュニケーションを通じた文化の
変革や創造をも射程に入れていると考えて良い。これらⅤ型・Ⅵ型・Ⅶ型の研
究は、「手段としての文化」の視点と「土台としての文化」の視点の双方に関わ
る研究として位置づけることができる。なお、以上の７つのタイプの研究に関
しては、その方向性に相違点が生じる場合――たとえば、文化遺産の保護と活
用のどちらを重視するか――があり得る一方で、これらのいくつかの複合型と
して位置づけることができる場合――たとえば、先に取り上げたアメリカ民俗
学における文化的持続可能性への研究関心は、少なくともⅡ型とⅦ型にまたが
る――もあり得る。

　ここまで概観してきたように、海外におけるCS関連研究は、多彩な展開を
見せている。では、これらのCS関連研究の展開をふまえて、文化的持続可能
性の概念を、改めてどのように定義することができるだろうか。実は、COST
プロジェクトの報告書においても、文化的持続可能性の概念の明確な定義は示
されていない。同報告書の内容をふまえつつ、文化的持続可能性の概念を検討
したカトリーナ・ソイニとジュースト・デサンは、この概念が「社会的・政治
的・科学的な交渉・解釈・適応のプロセスに依存するものであり、いかなる決
定的な定義をも免れる」[Soini & Dessein 2016：169]と述べている。実際のと
ころ先行研究では、文化的持続可能性の概念は多様な文脈・意味で用いられて
きた。

　ここから窺えるように、文化的持続可能性の概念は、全体として見れば「文
化の視点から持続可能な開発を考えることの重要性を提起する概念」とはい
えるものの、それ以上の一意的な定義を与えることが困難である。もちろん、
個々の具体的な研究においてこの概念を精確に規定しようとすることは可能で
あるし、必要でもある。ただ、文化的持続可能性の概念は「定義的概念」とい
うよりはむしろ、「感受概念」としての性格を強く帯びている。定義的概念と感
受概念というこの対概念は、ハーバート・ブルーマーによって提起された。ブ
ルーマーは、対象に共通する属性を精確に指示しようとする定義的概念に対し
て、私たちが目を向けるべき方向性を示唆する概念を感受概念と呼んだ［ブル
ーマー 1991：182-199］。ブルーマーが論じるように、私たちは感受概念を用
いることによって、経験的世界において展開される事象に見られる個別的な特

性を捨象するのではなく、むしろ対象化していくことができる。あるいはここで、ルートウィッヒ・ウィトゲンシュタインによって提起された「家族的類似性」という概念を想起することもできる。ウィトゲンシュタインは、私たちが「ゲーム」と呼んでいるものに共通した本質的な特徴は無く、私たちはそこに「複雑な網の目のように互いに重なり、交差している様々な類似性」［ウィトゲンシュタイン 2020：76］を見ているのだと喝破した。そしてこの類似性のことを「家族的類似性」と呼んだ。同様に私たちは、多様な展開を見せる先行研究において用いられている文化的持続可能性の概念に、家族的類似性を見て取ることができるのである。

　このように、一意的な概念からこぼれおちてしまう多義的・多元的・混淆的な——ときに重なり合い、ときに矛盾するような——視点を含みこむことができる点、そして、特定の分野の視点におさまりきらない広がりをもった概念である点に、文化的持続可能性の概念の顕著な特徴がある。CS 関連研究を俯瞰すると、広義と狭義とを問わず、幅広く文化概念を捉えていることもすでに述べたとおりである。実は、一部の人文学や社会科学の分野では、1980 年代以降、文化概念に対する批判的な議論が展開された[20]。しかし、これらの批判的議論にもかかわらず、文化概念が消え去ることはなかった。現在も、アカデミズムの内外を問わず文化概念は広く用いられており、そこには、文化に対する多様な見方の蓄積と交錯を見ることができる。文化的持続可能性の概念には、このように文化概念が多様な文脈・意味で用いられ続けている現実、あるいは世界やそれに対する人間の捉え方の多様性や複雑性が反映されている。そしてこれ

---

20) 特に批判の対象となってきたのは、「本質主義的文化観」と呼ばれる文化に対する見方であった。本質主義的文化観とは、①互いに明確に区別できる「個別の文化（a culture）」が実体として存在し、②各文化は特定の集団と一体化しており、③各集団の文化の本質は、集団の成員によって共有されており不変である、とする文化に対する見方である。この本質主義的文化観は、現実をあまりに静態的・硬直的に捉えているという問題に加えて——本来は文化の対抗概念であったはずの人種概念と同様に——人びとを相互排他的な集団へと分離させ、人びとの間の偏見や差別のまなざしを生み出す概念装置として機能してしまう問題を抱えている点が厳しく批判された［杉島 2001］。ただし、このような概念の実体化・本質化は、文化概念だけに見られることではないと考えられる。私たちは、様々な概念を用いて議論する際に、概念の実体化・本質化とそれによる陥穽という問題に常に注意を払う必要がある。

らはまた、日本にも見いだすことができるものである。

## 4　日本から／人文学からの応答

　私たちは、海外で先行して進められてきた CS 関連研究に対して、日本の人文学の立場からどのように応答することができるだろうか。日本において持続可能な開発をめぐる議論を進めるうえで、文化的持続可能性の概念にどのような意義を見いだすことができるだろうか。

　まず挙げられるのは、文化的持続可能性の概念やこれに関連した先行研究を検討することが、日本においても今日主流となっている 3 本柱フレームワークを再検討し、持続可能な開発の概念枠組みをめぐる基礎的な議論を進める契機になるという点である。ここではその 1 つの試みとして、国連による持続可能な開発の定義［国際連合広報局 2018：252］を以下のように捉えなおし、CS 関連研究の重要な里程標といえる COST プロジェクトの「3 つの視点」論に修正を加えた概念枠組みを提示してみたい。

　　持続可能な開発、すなわち「将来の世代の欲求を満たしつつ、現在の世代の欲求も満足させるような開発」は、人びとと地球のために包摂的、持続可能、レジリエントな未来を築くことを求めている。この目的を達成するためには、経済・社会・環境・文化という 4 つの視点からの課題解決策の調和を拡大していくことが不可欠である。

　ポイントは「4 つの視点からの課題解決策の調和の拡大」という点にある。これを図で表現すると、図 0-7 のようになる。

　すなわち、持続可能な開発を具体的に進める際には、4 つの円が重なり合う部分——経済、社会、環境、そして文化のいずれの視点から見ても、適切で有効と考えられる課題解決策の積集合——を拡大していく方向性を重視する、という概念枠組みである。これを「4 視点フレームワーク」と呼ぶならば、この 4 視点フレームワークを表現した図 0-7 は、「3 つの視点」論における「目的としての文化」の視点の図（図 0-6 の左のベン図）に似ていると思われるかもし

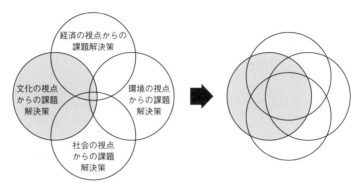

**図0-7 「4つの視点からの課題解決策の調和の拡大」を重視する概念枠組み** （筆者作成）

れない。しかし、この図は以下の3つの点で「3つの視点」論の図と異なる。

　第一に、図0-7における4つの円は、経済・社会・環境・文化という「領域」ではなく、これら4つの視点からの「課題解決策の集合」を表している。そもそも、経済・社会・環境・文化を4つの「領域」として明確に区別することには困難が伴う。広義の文化の視点からすれば、経済は文化の一部として捉えることができる。また、文化にはそれを何らかの形で担う人びとが伴うと考えれば、文化と社会は分かちがたく結びついている。環境を仮に「人間の所産ではないもの＝自然」と捉えたとしても、その「自然」には、人間の目線から見たという側面が色濃く反映されており、しかも、人間の所産としての文化が濃密に絡み合っていることもある。ただ、4つの「領域」を明確に区別することが困難であるとしても、対象のどの側面に注目して、そこにどのようにアプローチするのかという私たちの「視点」は、ひとまず区別することができる。そのうえで、持続可能な開発において、この4つの視点のいずれか1つではなく、複数の視点、さらにはすべての視点から見て適切で有効と考えられる課題解決策を探り、拡大していくことを重視するというのが、4視点フレームワークの基本的な考え方となる。

　第二に、図0-7の「文化の視点からの課題解決策」は、「目的としての文化」だけでなく、「手段としての文化」と「土台としての文化」の視点からの課題解決策をも含意している。つまり、図0-7における「文化の視点からの課題解決策」は、図0-8のように、目的・手段・土台という3つの視点を包含しており、

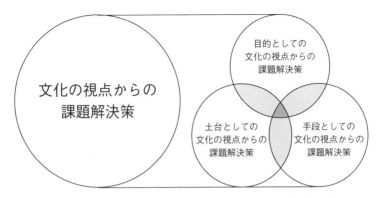

図 0-8　「文化の視点からの課題解決策」が包含する 3 つの視点（筆者作成）

　かつ、この 3 つの視点の複合の可能性も織り込んでいる[21]。実際、「文化の視点からの課題解決策」では、3 つの視点を複合させる必要がある場合が少なからずあるだろう。たとえば、「ある地域において、何を文化遺産として捉えるのか、どの文化遺産を将来世代へと継承していくのか、そしてその文化遺産の保護・保全と、経済・社会・環境面での課題解決策の調和をどのように図っていくのかを、住民の間で話し合って決定していく」というケースは、目的・手段・土台という 3 つの視点を含んでいるといえる。

　第三に、図 0-7 は、4 つの視点からの課題解決策の「調和の拡大」というポイント、つまり時間的推移を重視しているという点である。もちろん、持続可能な開発という概念自体が時間的推移という要素を含んでいるといえるものの、「3 つの視点」論の図では、この要素は明確な形では表現されていない。しかし、「大加速」と呼ばれる時代を生きる私たちにとって、時間的推移を考慮し、可視

---

21) なお、本章では詳述する余裕がないが、ここで提示した「目的・手段・土台という 3 つの視点とその複合可能性」という論点は、文化だけでなく、経済・社会・環境の視点からの課題解決策にも敷衍することができると考えられる。このことからも――そして文化的持続可能性の概念自体からも――改めて示唆されるように、持続可能な開発の実現に向けて、対象地域の特性等を考慮しつつ構想される個別具体的な課題解決策のあり方や、そこに見いだされる文化・経済・社会・環境の視点の関係のあり方は多様であり得る。ここで素描した概念枠組みが、このような多様性を抱え込んだ持続可能な開発をめぐる経験的な研究や実践との対話を通じて、彫琢を施されるべきものであることは論を俟たない。

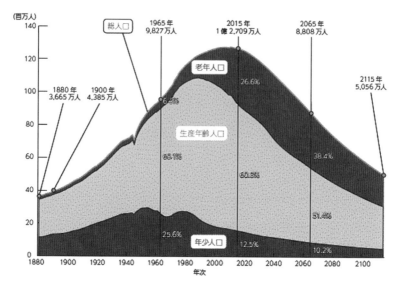

**図 0-9　日本の総人口の推移（1880-2115 年）**
［国立社会保障・人口問題研究所 n.d.］

化することは、ますます重要性を増しているのではないか。特に日本では、地球規模での大加速と国内における人口減少の加速が並行して進む「多元加速」の時代を迎えようとしている。海外からの大規模な「移民」[22] の流入がないかぎり、今後日本の人口減少が加速することはほぼ確実である。国立社会保障・人口問題研究所による推計では、2015 年において 1 億 2,709 万人であった日本の総人口が、2065 年には 8,808 万人、2115 年には 5,056 万人になる見通しである（図 0-9）。しかも、この人口減少は大きな地域間格差を伴いつつ進行すると考えられる。国土交通省による推計では、2050 年には、2015 年の時点で人が住んでいた国内の地域のうち、約 2 割の地域で無人化し、約 3 割の地域で人口が

---

22）日本には「移民」の法的な定義や政府による公式見解は存在しない。国連の専門機関である国際移住機関（International Organization for Migration: IOM）では、「移住者（migrant）」を「国内において、あるいは国境を越えて、一時的または恒久的に、様々な理由で通常の居住地から離れる人」［International Organization for Migration 2019：132］と定義している。このうち海外から日本に流入する移住者を「移民（移入民）」と捉えるならば、日本社会にはすでに多くの移民や、移民的な背景をもつ人びとが暮らしているともいえる［是川 2018］。

半分以下に減少する［国土交通省 2021］。このような「多元加速」に関連する
諸課題の解決や緩和、あるいは新たに現われつつある状況への適応に向けた議
論や取り組みにおいて、時間的推移をこれまで以上に考慮しつつ、4 つの視点
からの課題解決策の調和の拡大を進める必要があるのではないか。

　この点に関連して示唆に富むのが、広井良典と日立京大ラボのグループによ
る日本社会の持続可能性に関する研究である［広井 2019］。広井らは、人口減
少やこれに関連する諸問題に直面する日本社会が 2050 年に持続可能かという
問いを立てて、約 2 万通りの未来シナリオを検討した。今後人口減少が加速す
るなかで日本社会がどのように変化していくのかについては様々な議論がある
が、これほど多くの未来シナリオを検討した研究は他にはない。広井らによる
この貴重な研究の結果明らかになったのは、日本の未来シナリオは、①人口が、
一部の都市に集中する「都市集中型シナリオ群」と地方に分散する「地方分散
型シナリオ群」に大別できること、② 2020 年代後半にこの 2 つのシナリオ群の
分岐が生じると考えられること、③日本社会が持続可能であるためには、地方
分散型シナリオ群へと向かう道を選択する必要があること、であった[23]。広井
らの研究は、日本における持続可能な開発のあり方をめぐって議論を進める際
に、時間的推移――さらにいえば時限性――を考慮することの重要性を改めて
示唆する。

　以上に試みとして論じてきたように、文化的持続可能性の概念、あるいは
この概念に関連した先行研究を検討することは、日本においても現在主流とな
っている 3 本柱フレームワークを再検討し、持続可能な開発の概念枠組みを
めぐる基礎的な議論を進める契機になる。また、文化的持続可能性の視点か
ら、日本でこれまでに行なわれてきた関連する研究や実践を再評価しつつ、さ
らに多彩な研究や実践を展開していくこともできるだろう。その際には、前
節で取り上げた I 型〜VII 型の 7 つのタイプにおさまることのない研究を進め
ることも可能であると考えられる。たとえば、「sustainable development」や

---

23) その後、広井らはコロナ禍による影響を考慮しつつ、日本の未来シナリオの再検討を
　　行ない、ポストコロナの日本社会が 2050 年に持続可能であるためには、2024 年まで
　　に地方分散型シナリオ群に向かうための政策を実行する必要があると論じている［広
　　井 2021］。

「sustainability」という概念が、どのような文化的背景のもとで生み出され、どのように流通し、そして様々な国・地域の様々なアクターによってどのように受容されてきたのかということは、非欧米圏である日本から改めて提起する意義がある問いであると同時に[24]、「3つの視点」論のうちの「持続可能な開発という文化」の視点を推し進める問いでもあるといえよう。

この問いが示すように、日本における／人文学における文化的持続可能性の概念の意義は、3本柱フレームワークを補完し、より包括的な持続可能な開発の概念枠組みの構築につながる可能性をはらんでいるというだけにとどまらない。ここで思い起こされるのが、かつて、人類学者のフランツ・ボアズが用いた「文化メガネ」という卓抜な比喩である。ボアズは、自分たちの文化を見るときには「文化メガネ」を外すのが困難であり、だからこそ私たちは「文化メガネ」をかけていることを一層自覚する必要があると論じた［Boas 1904］。日本語にも、偏ったものの見方を意味する「色眼鏡」という語があるが、「文化メガネ」という比喩は、私たちが常に何らかの色眼鏡を通して物事を見ていること、しかも自らの色眼鏡をなかなか意識できないことを気づかせてくれる。さらには、おそらく私たちにとって「裸眼」の状態で物事を見るのは困難であること、けれども、この色眼鏡には潜在的な可能性も含めて様々なバリエーションがあることをも気づかせてくれる。私たちは、持続可能な開発の概念を文化メガネの産物として捉えなおすことで、その根底にある認識や価値観を改めて浮き彫りにし、学びほぐして、別の概念的可能性を探っていくこともできるのではないか。換言すれば、文化的持続可能性の概念は、単に持続可能な開発をめぐる議論における視点を増やすだけではなく、持続可能な開発という概念自体の根本的な問い直しにつながる可能性を胚胎している。そしてこれらの点にもまた、文化的持続可能性の概念の重要な意義を見いだすことができる。

---

24) もちろん、「欧米圏」といっても一括りに論じられるわけではない。たとえば、英語の sustainable は、スペイン語では sostenible とも sustentable とも翻訳することが可能であり、この2つの語の間には意味やニュアンスの違いがあるという［García Maldonado et al. 2016］。

## 5 ｜ 本書の構成

　第1章「祭礼組織運営の人的課題と文化的持続可能性」において松田俊介は、栃木県日光市とその周辺地域に分布する「強飯式（ごうはん）」という民俗儀礼を取り上げる。日本各地において、地域の自然環境や社会的・文化的環境と密接に関わりながら、多様な民俗儀礼が長い年月をかけて育まれ、伝承されてきた。これらの民俗儀礼のなかには、近年、産業構造の変化や少子高齢化・人口減少をはじめとする社会変動により、儀礼のあり方や運営方法の見直しを迫られているものが少なくない。強飯式も、そのような儀礼の1つである。松田の調査対象地域である日光市七里（しちり）地区では、上述したような社会変動を背景として、同地区の強飯式を今後も存続させるために、2016年に運営方法の大幅な見直しを行なった。しかしその後同地区では、コロナ禍に直面し、2年連続で強飯式の中止を余儀なくされた。松田は、七里地区の強飯式をめぐる近年の動向の検討をふまえて、民俗儀礼を将来世代に伝承していくうえでの課題と課題解決のための方策について、特に人的資本という点から考察する。

　第2章「地域とサイバー空間の相互作用に支えられる儀礼の文化的持続可能性」において酒井貴広が取り上げるのは、栃木県栃木市家中（いえなか）地区において見られる「強卵式（ごうらん）」という民俗儀礼である。儀礼が行なわれる地域やその名称から、松田が取り上げている強飯式との関連性が窺えるが、実は強卵式は、2001年に誕生したばかりの新しい儀礼である。ただ、家中地区では、強卵式は、すでに「伝統文化」――しかも、変化することが常態である「伝統文化」――とみなされつつあるという。酒井は、民俗とメディアの関わりという観点からこの強卵式の文化的持続可能性に注目する。民俗は、基本的には「身体というメディアを通じて実践され、世代をこえて伝承される文化」と捉えることができる。しかし先行研究では、民俗のなかに、多様なメディアと関わりながら存続し、あるいは変容してきたものがあることが明らかにされている［大道 2017］。今日の、そしてこれからの――特にコロナ禍以降の――民俗の実践や伝承のあり方を考えるうえでは、とりわけオンラインメディアとの関わりを考慮することが重要になる。酒井は、リアルな空間における強卵式のあり方や強卵式をめぐる地域の人びとの言説と、サイバー空間における言説が絡み合っていく様相を描

き出す。そして、この事例の検討を通して、民俗の伝承とその持続可能性をめぐる課題と展望について考察する。

第3章「近世・近代の漆製品の消費にみる文化的持続可能性」において都築由理子は、長い歴史を有する日本の漆製品に注目する。漆製品は、その歴史を縄文時代にまで遡ることができ、日本列島における人為と自然の濃密な関わりという観点から見ても稀有な文化遺産である。文化遺産の持続可能性をめぐる主要な課題として、これまで「文化遺産をいかに保護して将来世代に継承していくことができるか」「文化遺産を経済的・社会的持続可能性のためにどのように活用できるか」、さらには「文化遺産の保護と活用をいかに両立させるか」といったことが論じられてきた。これらのことを検討する際には、当該の文化遺産が今日までどのように継承されてきたのかを検証することが重要になる。また、有形の文化遺産は、そのモノ自体に焦点が当てられがちであるが、そこには、モノを生み出し、流通させ、利用し、廃棄する、といった一連の人の営みが伴ってきた点に目を向けることも必要であろう。都築は、日本における漆製品をめぐる長い歴史のなかで特に大きな転換点になったと考えられる近世・近代に注目し、この時期における漆製品の生産・流通・消費のあり方の持続と変容の過程を、江戸／東京とその周辺地域の事例から明らかにする。そして、この事例の検討を通して、文化遺産の持続可能性を議論するうえで、当該の文化遺産と人の関わりの歴史を詳らかにすることの意義を改めて浮き彫りにする。

第4章「農業新規参入者2人のイキカタに見る文化的持続可能性」において大澤誠は、東京都とその周辺地域における2人の農業新規参入者のイキカタの事例を検討する。ここで用いられている「イキカタ」という語には、ワークスタイルとライフスタイルが分かちがたく結びついているという意味が込められている。この2人の農業新規参入者は、いずれも幼い頃から農業に親しんでいたわけではなかった。その彼らが、なぜ農業に参入し、農業のあるイキカタを選択するに至ったのか。彼らのイキカタの根底にはどのような価値観を見いだせるのか。大澤は、この2人の農業新規参入者のイキカタを文化的持続可能性の視点から読みといていく。この序章で見てきたように、文化的持続可能性関連研究には、文化それ自体の持続可能性を検討する「目的としての文化」の視点だけでなく、経済的・社会的・環境的な持続可能性の実現を目指すうえでの

「土台としての文化」という視点がある。本章で取り上げられている２人のイキカタは、まさにこのような「土台としての文化」の視点からの文化的持続可能性の実践の試みとして位置づけることができる。大澤は、詳細なインタビュー調査に基づいて、彼らのイキカタの内実やその根底にある価値観を明らかにする。そのうえで、彼らのイキカタの意義と課題を考察するとともに、文化的持続可能性の実践のあり方を展望する。

　第５章「文化的持続可能性への人類学からの応答」において山越英嗣は、広義の文化概念を学問の中枢に据えてきた人類学の視座から文化的持続可能性——とりわけ日本における文化的持続可能性——について再検討する。まず山越が確認するのは、「開発」をめぐる国際的な議論において「文化」がどのように論じられてきたのかである。たとえば1990年代には、世界を代表する人類学者も参加した国連の「文化と開発に関する世界委員会」によって、文化は開発を支える社会的基盤として位置づけられていた［World Commission on Culture and Development 1995］。しかし、この序章でも言及したように、その後、持続可能な開発をめぐる議論が進展するなかで、文化の視点は次第に後景化してきた面がある。一方、近年の欧米圏の人類学における持続可能な開発／持続可能性をめぐる議論では、「自然／文化」の二元論と量的データに基づく「客観性」と「普遍性」を重視したトップダウン型の開発政策に対する批判的検討が改めて進められてきた。山越は、こうした近年の人類学における議論、かつて鶴見和子によって提唱された内発的発展論［鶴見 1996］、本書の各章で論じられている事例研究をふまえて、現代の日本において、人類学の立場から文化的持続可能性という概念をどのように捉えなおすことができるのかを論じる。

　先に述べたように、今後日本においても、文化的持続可能性の視点から、多彩な研究や実践を展開していくことが可能であると考える。本書は、人文学の立場からこのことの一端を示そうとする試みでもある。また、本書の執筆者は、学生のみなさんが、人文学の立場から持続可能な開発に関連したレポートや論文を作成する際に、内容・形式の両面で参考になるように、ということを念頭において各論文を執筆している。本書が、人文学的な研究・教育はもとより、様々な学問分野や社会領域において文化的持続可能性をめぐる議論が活発化する契機の１つになればと願っている。

**【付　　記】**

本章は、拙稿「文化的持続可能性概念に関する一考察」(『比較文化研究』149号, pp. 15–27.
2022 年) を改稿したものである。


**【謝　　辞】**

本章の作成にあたって、本書の執筆者のメンバーのみなさんと飯田卓氏から貴重なご意見
やご助言をいただきました。記して感謝の意を表します。また、本書の出版にご理解をい
ただいたナカニシヤ出版と本書の編集を担当してくださった同社の米谷龍幸氏に厚く御
礼を申し上げます。

**【引用・参考文献】**

ウィトゲンシュタイン, L. ／鬼界彰夫 (訳) [2020] 『哲学探究』講談社

江澤　誠 [2007] 「Sustainable Development の訳語についての考察」『環境科学会誌』20
　　(6): 485–492.

大道晴香 [2017] 『「イタコ」の誕生――マスメディアと宗教文化』弘文堂

蟹江憲史 [2020] 『SDGs (持続可能な開発目標)』中央公論新社

環境と開発に関する世界委員会 (編) [1987] 『地球の未来を守るために』福武書店

蔵持不三也 [2007] 「文化の見方に関する試論――緒言に代えて」蔵持不三也 (監修) ／
　　嶋内博愛・出口雅敏・村田敦郎 (編) 『エコ・イマジネール――文化の生態系と人類
　　学的眺望』言叢社, pp. 5–28.

クリフォード, J. ／太田好信・慶田勝彦・清水　展・浜本　満・古谷嘉章・星埜守之 (訳)
　　[2003] 『文化の窮状――二十世紀の民族誌、文学、芸術』人文書院

国際連合広報局／八森　充 (訳) [2018] 『国際連合の基礎知識 第 42 版』関西学院大学出
　　版会

国土交通省 [2021] 「「国土の長期展望」最終とりまとめ参考資料」〈https://www.mlit.
　　go.jp/policy/shingikai/content/001412278.pdf (2023 年 6 月 25 日閲覧)〉

国立社会保障・人口問題研究所 [n.d.] 「将来人口推計」〈https://www.ipss.go.jp/pr-ad/
　　j/jap/03.html (2023 年 6 月 25 日閲覧)〉

是川　夕 [2018] 「日本における国際人口移動転換とその中長期的展望――日本特殊論を
　　超えて」『移民政策研究』10: 13–28.

斎藤幸平 [2020] 『人新世の「資本論」』集英社

自治体SDGs 推進評価・調査検討会 [2023] 「2023 年度「SDGs 未来都市」及び「自治体
　　SDGs モデル事業」の総評」〈https://www.chisou.go.jp/tiiki/kankyo/teian/2023sdgs_
　　pdf/sdgs_r5sohyo.pdf (2023 年 6 月 25 日閲覧)〉

杉島敬志 (編) [2001] 『人類学的実践の再構築――ポストコロニアル転回以後』世界思
　　想社

スロスビー, D. ／中谷武雄・後藤和子 (監訳) [2002] 『文化経済学入門――創造性の探求
　　から都市再生まで』日本経済新聞社

関根久雄（編）［2021］『持続可能な開発における〈文化〉の居場所──「誰一人取り残さない」開発への応答』春風社

鶴見和子［1996］『内発的発展論の展開』筑摩書房

内閣府日本学術会議事務局（編）［2020］『未来からの問い──日本学術会議 100 年を構想する』日経印刷株式会社

西海真樹［2012］「持続可能な開発の文化的側面──国連システムにおけるその展開と日本の課題」『国連研究』13: 23–52.

野田研一・山本洋平・森田系太郎（編）［2017a］『環境人文学 I 文化のなかの自然』勉誠出版

野田研一・山本洋平・森田系太郎（編）［2017b］『環境人文学 II 他者としての自然』勉誠出版

広井良典［2019］『人口減少社会のデザイン』東洋経済新報社

広井良典［2021］「AI が示す「コロナ後日本」の未来は「分散型」社会──「昭和的価値観」や行動様式の終焉と「世代交代」」〈https://toyokeizai.net/articles/-/413848（2023 年 6 月 25 日閲覧）〉

ブルーマー, H.／後藤将之（訳）［1991］『シンボリック相互作用論──パースペクティヴと方法』勁草書房

ムーア, J. W.／山下範久・滝口　良（訳）［2021］『生命の網のなかの資本主義』東洋経済新報社

メドウズ, D. H., D. L. メドウズ, & J. ランダース／松橋隆治・村井昌子（訳）［1992］『限界を超えて──生きるための選択』ダイヤモンド社

矢口克也［2010］「「持続可能な発展」理念の実践過程と到達点」国立国会図書館調査及び立法考査局（編）『持続可能な社会の構築──総合調査報告書』国立国会図書館調査及び立法考査局 pp. 15–55.

Auclair, E., & G. Fairclough (eds)［2015］*Theory and Practice in Heritage and Sustainability: Between Past and Future.* Routledge.

Barbier, E. B.［1987］The Concept of Sustainable Economic Development. *Environmental Conservation* 14(2): 101–110.

Baron, R., & N. R. Spitzer (eds)［2007］*Public Folklore.* University Press of Mississippi.

Barrow, C. J.［2018］Sustainable Development. In Callan, H. (ed) *The International Encyclopedia of Anthropology Volume XI*, pp. 5946–5955. John Wiley & Sons.

Benson, M. H., & R. K. Craig［2017］*The End of Sustainability: Resilience and the Future of Environmental Governance in the Anthropocene.* University Press of Kansas.

Birkeland, I., R. Burton, C. Parra, & K. Siivonen (eds)［2018］*Cultural Sustainability and the Nature-Culture Interface: Livelihoods, Policies, and Methodologies.* Routledge.

Blanc, N., & B. L. Benish［2016］*Form, Art and the Environment: Engaging in Sustainability.* Routledge.

Boas, F.［1904］The History of Anthropology. *Science, New Series* 20(512): 513–524.

Bourdieu, P.［1986］The Forms of Capital. In Richardson, J. (ed) *Handbook of Theory and Research for the Sociology of Education*, pp. 241–258. Greenwood.

Cooley, T. J. (ed) [2019] *Cultural Sustainabilities: Music, Media, Language, Advocacy.* University of Illinois Press.

Cuthill, M. [2010] Strengthening the "Social" in Sustainable Development: Developing a Conceptual Framework for Social Sustainability in a Rapid Urban Growth Region in Australia. *Sustainable Development* 18(6): 362–373.

Dessein, J., E. Battaglini, & L. Horlings (eds) [2015a] *Cultural Sustainability and Regional Development: Theories and Practices of Territorialisation.* Routledge.

Dessein, J., K. Soini, G. Fairclough, & L. Horlings (eds) [2015b] Culture in, for and as Sustainable Development. Conclusions from the COST Action IS1007 Investigating Cultural Sustainability. University of Jyväskylä.

Duxbury, N. (ed) [2021] *Cultural Sustainability, Tourism and Development: (Re) articulations in Tourism Contexts.* Routledge.

Elkington, J. [1994] Towards the Sustainable Corporation: Win-Win-Win Business Strategies for Sustainable Development. *California Management Review* 36(2): 90–100.

Elkington, J. [2020] *Green Swans: The Coming Boom in Regenerative Capitalism.* Fast Company Press.

Feintuch, B. (ed) [1988] *The Conservation of Culture: Folklorists and the Public Sector.* University Press of Kentucky.

García Maldonado, M., R. G. Meza, & E. Yates-Doerr [2016] Sustainability. 〈https:// culanth.org/fieldsights/sustainability (2023 年 6 月 25 日閲覧)〉

Garner, B. [2016] *The Politics of Cultural Development: Trade, Cultural Policy and the UNESCO Convention on Cultural Diversity.* Routledge.

Griggs, D., M. Stafford-Smith, O. Gaffney, J. Rockström, M. C. Öhman, P. Shyamsundar, W. Steffen, G. Glaser, N. Kanie, & I. Noble [2013] Sustainable Development Goals for People and Planet. *Nature* 495: 305–307.

Hawkes, J. [2001] *The Fourth Pillar of Sustainability: Culture's Essential Role in Public Planning.* Common Ground Publishing Pty Ltd.

Hickel, J. [2019] The Contradiction of the Sustainable Development Goals: Growth Versus Ecology on a Finite Planet. *Sustainable Development* 27(5): 873–884.

Hristova, S., M. Dragićević Šešić, & N. Duxbury (eds) [2015] *Culture and Sustainability in European Cities: Imagining Europolis.* Routledge.

Imran, S., K. Alam, & N. Beaumont [2014] Reinterpreting the Definition of Sustainable Development for a More Ecocentric Reorientation. *Sustainable Development* 22(2): 134–144.

International Organization for Migration [2019] Glossary on Migration 〈https:// publications.iom.int/system/files/pdf/iml_34_glossary.pdf (2023 年 6 月 25 日閲覧)〉

IUCN, UNEP, & WWF [1980] *World Conservation Strategy: Living Resource Conservation for Sustainable Development.* IUCN.

IUCN, UNEP, & WWF [1991] *Caring for the Earth: A Strategy for Sustainable Living.* Earthscan.

Jacobs, B. L., & B. Finney [2019] Defining Sustainable Business: Beyond Greenwashing. *Virginia Environmental Law Journal* 37(2): 89–131.

Johnston, P., M. Everard, D. Santillo, & K. -H. Robèrt [2007] Reclaiming the Definition of Sustainability. *Environmental Science and Pollution Research* 14(1): 60–66.

Kangas, A., N. Duxbury, & C. de Beukelaer (eds)[2018] *Cultural Policies for Sustainable Development.* Routledge.

Lehtomäki, E., H. Janhonen-Abruquah, & G. Kahangwa (eds)[2017] *Culturally Responsive Education: Reflections from the Global South and North.* Routledge.

Lettau, M., C. Y. Mtaku, & E. D. Otchere (eds)[2022] *Performing Sustainability in West Africa: Cultural Practices and Policies for Sustainable Development.* Routledge.

López-Corona, O., & G. Magallanes-Guijón [2020] It Is Not an Anthropocene; It Is Really the Technocene: Names Matter in Decision Making Under Planetary Crisis. *Frontiers in Ecology and Evolution* 8: 214.

Malm, A., & A. Hornborg [2014] The Geology of Mankind? A Critique of the Anthropocene Narrative. *The Anthropocene Review* 1(1): 62–69.

Mason, M. A., & R. Turner [2020] Cultural Sustainability: A Framework for Relationships, Understanding, and Action. *Journal of American Folklore* 133(527): 81–105.

Moldan, B., S. Janoušková, & T. Hák [2012] How to Understand and Measure Environmental Sustainability: Indicators and Targets. *Ecological Indicators* 17: 4–13.

Norgaard, R. B. [2013] The Econocene and the California Delta. *San Francisco Estuary & Watershed Science* 11(3): 1–5.

Ostrom, E. [1990] *Governing the Commons: The Evolution of Institutions for Collective Action.* Cambridge University Press.

Purvis, B., Y. Mao, & D. Robinson [2018] Three Pillars of Sustainability: In Search of Conceptual Origins. *Sustainability Science* 14(3): 681–695.

Redman, C. L., J. M. Grove, & L. H. Kuby [2004] Integrating Social Science into the Long-Term Ecological Research (LTER) Network: Social Dimensions of Ecological Change and Ecological Dimensions of Social Change. *Ecosystems* 7(2): 161–171.

Sachs, I. [1988] Inventing a Humane Future. *India International Centre Quarterly* 15/16: 167–172.

Sawin, P., & R. L. Zumwalt (eds)[2020] *Folklore in the United States and Canada: An Institutional History.* Indiana University Press.

Skjerven, A., & J. Reitan (eds)[2017] *Design for a Sustainable Culture: Perspectives, Practices and Education.* Routledge.

Smithsonian Center for Folklife and Cultural Heritage [n.d.] Strategic Plan 2014–2018. 〈https://folklife-media.si.edu/docs/folklife/Strategic_Plan.pdf（2023 年 6 月 25 日 閲

覧)〉.

Soini, K., & I. Birkeland [2014] Exploring the Scientific Discourse on Cultural Sustainability. *Geoforum* 51: 213–223.

Soini, K., & J. Dessein [2016] Culture-Sustainability Relation: Towards a Conceptual Framework. *Sustainability* 8(2): 167. DOI: https://doi.org/10.3390/su8020167

Spinozzi, P., & M. Mazzanti (eds)[2017] *Cultures of Sustainability and Wellbeing: Theories, Histories and Policies.* Routledge.

Springett, D. [2005] Critical Perspectives on Sustainable Development. *Sustainable Development* 13(4): 209–211.

Springett, D. [2013] Editorial: Critical Perspectives on Sustainable Development. *Sustainable Development* 21(2): 73–82.

Steffen, W., A. Sanderson, P. Tyson, J. Jäger, P. Matson, B. Moore, F. Oldfield, K. Richardson, H. J. Schellnhuber, B. L. Tuner, & R. J. Wasson [2005] *Global Change and the Earth System: A Planet Under Pressure.* Springer.

Steffen, W., W. Broadgate, L. Deutsch, O. Gaffney, & C. Ludwig [2015] The Trajectory of the Anthropocene: The Great Acceleration. *The Anthropocene Review* 2(1): 81–98.

Stockholm Resilience Centre [2016] The SDGs wedding cake. 〈https://www.stockholmresilience.org/research/research-news/2016-06-14-the-sdgs-wedding-cake.html (2023 年 6 月 25 日閲覧)〉

Throsby, D. [2017] Culturally Sustainable Development: Theoretical Concept or Practical Policy Instrument? *International Journal of Cultural Policy* 23(2): 133–147.

Titon, J. T. [2009] Music and Sustainability: An Ecological Viewpoint. *The World of Music* 51(1): 119–137.

United Nations [2002] *Report of the World Summit on Sustainable Development.* United Nations.

World Commission on Culture and Development [1995] *Our Creative Diversity: Report of the World Commission on Culture and Development.* UNESCO.

第1章

# 祭礼組織運営の人的課題と<br>文化的持続可能性

## 栃木県日光市七里生岡神社大祭の事例から

松田俊介

## 1 はじめに

　いわゆる「地域のお祭り」は、日本の人文学において格好の調査対象と見られてきた。多くのフィールドワーカーが調査を通じて、「祭りは住民みんなでつくられる」「祭りは地域を結束させる」など、社会的紐帯強化の機能をもつものとして祭りを論じてきた。それは一面で重要な真実ではあるが、ある程度現場を深く洞察した研究者であれば、純粋に地域文化を礼賛する再評価論とは異なる——祭りが人間関係に深く根ざすあまり、ときに不調和を起こしさえする——側面も見てきたはずである。

　地域文化のフィールドにおける「困難」は、往々にして、通り一遍の解決策では立ち行かぬほど複雑で、根が深い。レポートや論文などの成果物の完成に追われ、何らかの教訓めいた学びを持ち帰らなければならない学生や研究者は、ときにこれを素通りし、エスノグラフィーになかなか描かない部分でもある。しかし、素通りされがちなこの困難な部分は、「文化が持続していくこと」と分かちがたく結びついているため、日本全国の祭礼が新型コロナウイルス感染症（COVID-19）の世界的蔓延（以下、「コロナ禍」とする）によって継続の危機に瀕す現在こそ、直視しなければならない側面でもある。

　栃木県日光市七里の生岡神社にて毎年 11 月 25 日に行われる生岡神社大祭[1]は、食責め儀礼[2]・子供強飯式で人気を博し、境内いっぱいになるほどの観客

---

1) 七里における「生岡神社大祭」は、その行事のなかで行われる子供強飯式の名があまりに有名になってきたため、当日の祭礼名自体が「子供強飯式」と呼ばれている。

**図1-1　七里生岡神社大祭における「子供強飯式」**（2019年11月25日、筆者撮影）

に見守られ、実施され続けてきた（図1-1）。子供強飯式は、修験僧に扮する子どもが大人の住民に対して食責め（食物を食べるよう強いること）をする民俗儀礼であり、この儀礼を中心として七里内の3地域ごとに輪番で大祭運営がされてきた［栃木県教育委員会 1977；福原 2003］。しかし、2016年に祭礼運営輪番が撤廃されるなど、生岡神社大祭は新体制へ移行し、住民たちはこの変化を機に、儀礼様式の保持や広報活動など、さまざまな方法で振興を試みていった［松田 2018：31–44］。この大きな変化の前後には、労務の属人化[3]や、継承の難化、信仰の変化、モチベーションのゆらぎなど、さまざまな「人的課題」と、そのための「工夫や対処の過程」があった。

　このような民俗文化は果たしてどのように存続していくのか、また存続させていこうとする人々をめぐって、どのような出来事や心情の変化が生じているのか。彼らの実践事例を注視していくことは、さまざまな地域文化の衰退が叫ばれている現在、必要不可欠の研究であるといえる。本書の主題である「文化的持続可能性」をめぐるテーマはさまざまに考えられるが、本章においては生

2）本研究においては、（期日を決めて行われるような）神事を中心とした祭祀の催し自体を「祭り」、地域の民俗行事として行われ、風流のような見世物要素が付随した祭りを「祭礼」、その祭礼のなかの1つの工程として行われる神事の礼式を「儀礼」とする。この区分は柳田國男［2013（1965）］を参考とする（以下、（　）内は必要に応じて原著発行年を示す）。

3）ここでいう「属人化」とは、特定のタスクに特定の人材のみが非流動的に組み込まれ、その担当者以外には遂行困難となってしまった状態をいう。

岡神社大祭の事例をもとに、1つの民俗文化の持続の過程をめぐるケーススタディとして語っていきたい。

　人類学・民俗学等の人文学において、こうした民俗祭礼の存続に関連する議論がさまざまに行われてきた。その1つとして、三隅治雄［1985］は、民俗芸能の衰退・変容を憂慮する声自体は終戦直後から続いていると述べ、それでも祭りと民俗芸能には、信仰的機能・教育的機能・社交的機能・娯楽的機能・芸能的機能・生産的機能などのさまざまな機能があって続けられていることを指摘した。伝承の存続に際しては、学校生活で「見て聞いて覚える」教育がなくなってきたため、従来の教授法がなじまず、たとえば囃子であれば指運表を作成するなど何らかのその地域ごとの工夫が必要となる、などの実践例もあげられている。俵木悟［2011］は、民俗芸能の伝承組織としての保存会が一般的となる動きが1960年頃からみられるとしたうえで、非伝承者中心のアクターの「関わりの場をもたせる」機能を重要視したが、肝心の伝承組織を有効に機能させる方法については、事例に基づく検討の成果が極端に少ないと述べた。一口に民俗祭礼といっても、その内容は地域によって個別性が高いこともあり、具体的なケーススタディの蓄積と、多面的な検討を包括する理論化が必要となっている。その際には、外部からの価値づけによる文化の切り取り[4]ではなく、自律的かつ持続的な地域の生活との相関を重視しなければならないだろう［cf. 岩本 2007］。

　本章では、文化的持続可能性にまつわるさまざまな議論のなかでも、とくに祭礼運営における人的課題に焦点を当てる。また、コロナ禍に直面し、日本における多くの民俗行事が休止を余儀なくされるなか、文化の持続可能性――つまり、「当該文化がいかに持続可能なものとなりうるか」を主旨とする議論――について検討していく。なお、本章はおもに2015年、ならびに2018年から2021年にかけて実施した現地調査および電話インタビュー調査に基づく[5]。

---

4）こうした語りにおいては、安易に「文化」概念を取り扱うことに注意しなければならない。近代において「文化」および文化概念が当事者たちから切り取られるなどの危険性は、民族誌的近代（ethnograpgic modernity）の議論として語られている［クリフォード 2003（1988）；太田 2001］。
5）本研究における調査で知りえた情報は、すべて関係者の承諾をとっており、プライバシーに配慮して実名等を伏せつつ表記した。

## 2 七里における生岡神社大祭

### 2-1 七里地区の概況

　生岡神社大祭が行われる日光市の七里地区（図1-2）は、日光の市街地より東に3km程度離れた山間に位置し、人口998人、世帯数430である（2021年4月1日時点の住民基本台帳より）。七里地区はさらに3つの地域に分かれる。生岡神社が所在する山間地域である「上野」、同じく山間に位置する「中妻」、市街地近くの新興住宅地域を含む「上七里」である。この区分けがほぼそのまま大祭の祭り組（後述）の組分けとなる。

　七里地区の人口動態は、調査時までの10年で見れば減少傾向にあるが（図1-3）、バブル経済期（1986–1991年頃）を受けて急激に人口が増加した（日光市総務課提供資料より）。現地でのインタビューも踏まえれば、この地区自体に産業ができて人が増えたというよりは、景気が下り坂となり、日光市街地での産業が衰退したときに、この地区（とくに上七里）が市街の社宅に居住していた人々などの受け皿となってきたようである。こうした集団転居の記憶が強かったためか、移入者は大祭でも「新しい人」とみなされがちであり、また彼ら自身も——伝統的な大祭に関わることへの遠慮もあってか——たびたび「自分は外から新しく来た者」とことさらに自称していた。ここには七里地区における独特の古参／新参の自意識がうかがえる[6]。近年では、とくに上野地域の高

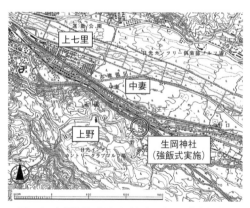

**図1-2　七里地区**（国土地理院（2022）より筆者作成）

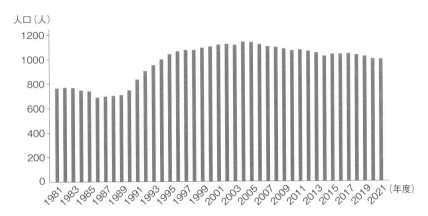

図1-3　七里地区人口動態（1981年–2021年度）（日光市総務課提供資料より筆者作成）

齢化・人口減が著しいものとなっているが、上七里地域への転入による人口増が補い、微減傾向となっている。

## 2-2　儀礼の来歴

　強飯式といえば、ユネスコ世界遺産「日光の社寺」の１つとして名高い日光山輪王寺にて毎年４月２日に行われる「日光責め」が有名である。日光責めは、輪王寺の三仏堂にて、山伏が三升の飯を盛った大椀を地元名士（市長や会社経営者、銀行頭取など）に持たせて平身低頭させ、「喰え」と荒々しく責め立てるものだ。日光周域には、こうしたいわゆる「食責め」をともなう儀礼が数多く

---

6）同地区に在住するインフォーマント（2009年調査時60代）は、以下のように述べている。

> 現在の七里に住む人々には、かつては古河で働いていた日光市街の人が多い。とくに昭和30年前後より日光市街で電気工業が隆盛し、企業が大規模な社宅を建てていたが、その後の業績不振で社宅が使われなくなり、当時社宅に住んでいた人々が七里に住むことになった。

とくに昭和30年代当時の日光では、古河電気工業株式会社の社宅に１万人超の人々が入居していた（当時の日光人口が３万弱の時期）。オイルショック等の業績不振を受け、そうした人々の流入によって七里全体の戸数は大幅に増えたという話もあった。実際、調査時の当番組（祭り担当地域）にもその該当者は多かったが、こうした人口構成上の事情も本研究において、検討を要すべき点である。

存在していた［栃木県教育委員会 1977；松田 2018］。

　そもそも強飯式の民俗<sup>7)</sup>は、痛飲飽食をめぐるきわめて非日常的なやりとり
が、深山幽谷からの霊験を授かるものとして古くから神聖視されてきた日光修
験の要素を取り入れることによって、さまざまな食・思想・アクター・道具・
身ぶり・口上を介して儀礼化されたものといえる。儀礼の発祥を行法から辿っ
ていくと、今日の東照宮・二荒山神社・輪王寺の日光二社一寺で行われる神事
古法の多くが、820（弘仁 11）年、弘法大師空海の開基と伝えられる滝尾神社で
行われており、強飯式もまた滝尾の祭儀発祥とされている。滝尾神社はかつて
山峰めぐりの大宿であり、ここで本尊に献じられた御供を人々に分かち与えて
いた慣習が、日光三社権現から御供を賜る形となり、さらに東照宮鎮座以降、東
照大権現（すなわち徳川家康）から賜るものとなったということである。かつ
ての慣習が徐々に儀式化され、時代ごとに授け手を変えつつ、東照宮造営以後
にほぼ現在の形式となったと考えられる［矢島 1955：54；中川 1980：293-294］。

　七里の強飯式が伝わる生岡神社の創建については、820 年に空海が来山した
とき、生岡平に草庵を結び、自ら大日如来像を刻んで小祠を建て祭祀したこと
が、前身である生岡大日堂の開基といわれる。その後、848（嘉祥元）年に円仁
が日光に来山したとき、隣接する野口地区に山王権現を勧進し、山王権現の社
僧によって祀られるようになった。以後、日光の修験僧たちは、生岡を峯修行
の入り口として訪れてきたという。江戸時代となると、日光山に東照宮が鎮座
された時から日光山内の僧坊の支配下におかれた。七里での強飯式は、そのと
きの大日堂に輪王寺僧が来訪して行ったものがはじまりだとされている。その
後は、少なくとも幕末までは安定的に実施され続けていたが、明治新政府によ
る神仏分離令を受けて、1872（明治 4）年、生岡大日堂は二荒山神社の摂社・
生岡神社となった。これによって強飯式が一旦途絶えることになるが、ほどな

---

7) 日本民俗における大食大飲の習俗では、祝祭にともなって、米飯や芋・うどんを食べ
ることを強いるものや、大杯の酒を呑むことを強いるものがあり、全国に広く分布し
ている。とりわけ栃木県にはこの種の行事が数多く分布していたとされている。各事
例はそれぞれ特定の口上や身ぶり・作法をともなって、人々は非日常的な大食行為を
してきたが、それにともなって由来伝承もさまざまに流布し、農耕の予祝・時節の確
認と気構えの契機・来訪神饗応・通過儀礼などの意義が見込まれてきた。

く地元青年たち有志が引き継ぐことによって復活した［尾島 1975］。復活当初
は、山伏・強力（修験者に従う下男）も青年によって演じられていたが、古老
によれば、日露戦争以降、七里に徐々に若者がいなくなっていったことを受け
て、第二次世界大戦終戦後は子ども祭りとして定着した（1950 年前後に大人が
実施した回が 3 回程度あったという口碑もある）。終戦直後の 1946（昭和 21）
年に食糧不足のために中止 [8]、1988（昭和 63）年に昭和天皇の体調悪化を受け
ての自粛中止となったが、別の古老によれば、「どんなに貧しくとも、祭りの
とき、強飯式のときにはみんなでたくさん食べ物を出して祝わなければならな
い」という切なる思いのもと実施され続けてきたという。

## 2-3　七里の子供強飯式

　生岡神社大祭の子供強飯式は、七里における豊作祈願の大祭で行われる伝統
儀礼であり、山伏と強力が主体となる。儀礼における主要な配役は、以下のよ
うに設定されている。

①山伏…修験者。子役 1 名担当（9-14 歳）。
②強力…山伏の荷物運び。子役 1 名担当（9-14 歳）。
③先導…修験者。成人男性 2 名担当。
④新役…頂戴人。成人男性 2 名担当。通常は子役の親が担当。
⑤別当…祭祀的な取り仕切り。祭礼上のみの役割でなく、常日頃から神社管
　　　　理に当たる。
⑥脇別当…別当の補佐。

　山伏 [9] は、霊山を修業の場とし、深山幽谷に分け入って山岳修行をする修験
者で、強力は、山伏に付き従って荷物を運ぶ者である。生岡神社が、勝道上人

8) 1945 年までの強飯式は、日光山を開山した勝道上人のゆかりの日付として、1 月 8 日
　を期日とする正月行事の大祭のなかで行われてきた。住民たちの年頭の楽しみであっ
　たが、1946 年の食糧不足での中止以降は、農作物を工面しやすい収穫期、11 月 25 日に
　行われてきた新嘗祭（旧小祭）と期日を入れ替えることとなった。これによって、以
　後、毎年 11 月 25 日が強飯式・大祭の日として祝われることとなった。

ゆかりの山岳修験の歴史をもつことが色濃く表れている。この2役は七里内に居住する子どもから選ばれ、両親が健在な地元民の長男であること、年齢は小学校中学年から中学生まで、衣裳の合う体格で迫力ある声が出せること、などの条件がある。また、2019年までは基本的には七里を小学校校区とする野口小学校の児童が選出候補とされ、当日は同校の見学時間が設けられていた。ただ、七里の少子化が進む今日では状況が変わり、規制は徐々に緩和されてきた。先導は、山伏と同様に修験者の出で立ちで、儀礼においては法螺貝を吹いて山伏・強力の登場をもり立てる役目をもつ。子役の山伏・強力に対して演技を指南する、儀礼指導の熟達者が兼任することが多い[10]。新役[11]は、強飯の頂戴人、すなわち食責めを受ける役であり、山伏・強力のそれぞれの父親2名が白装束で務めるものとなっている。別当[12]は、祭礼上のみの役割ではなく、常日頃から神社の整備管理や祭祀の取り仕切りを行う役割であり、任期が定まっておらず、七里地区全体で適任と認められた者1名が長年にわたって担当する。脇別

---

9) 現地の祭り組に配布される冊子には、それぞれのアクターの出で立ちが以下のように説明されている。
   ・山伏…「鱗形模様の山伏装束に兎巾篠懸裁付袴、中啓を持つ 顎髭を書きこむなど、独特の化粧を施す」
   ・強力…「黒天鵞織厚地裾短の衣裳（袖口および裾廻りは真紅）、真紅の丸ぐけ帯。袴（綿入縫の真紅）、膝頭下に白色三角の膝当。金甲（紅・青・黄三色より上げの色鉢巻）。結び目の両端をはね上げる。色鉢巻の捻り目両側後に金銀の幣を垂らす。毛布着の煙草入・両手に肘当。隈取を描くなど、独特の化粧を施す」
   ・新役…「白の雑式装束、白差袴、頭に白幣束のついた竹編みの円筒形 籠笯」
   ・先導…「山伏装束、法螺貝（法螺貝は地域ごとに保有）」
   ・別当…「萌黄色の狩衣、白差袴、風折烏帽子」
   ・脇別当…「白の雑式装束、白差袴、烏帽子」
10) 子供強飯式の儀礼練習は、「大祭当日一週間前から毎晩」「大祭月に週2、3日」などその年によってまちまちだが、儀礼指導役が、口上・歩法・身ぶりなどについて手ほどきして、集中的に行われていた。
11) 強飯頂戴人となる新役2名は、さまざまな文献資料等で「太郎坊」「次郎坊」と表記されているが、この呼称は地区内ではほとんど使われず、「元はその名はなかった。メディアなどが勝手につけたのでは」という声もあった。本章では、両者を弁別する必要のあるときに、「太郎坊」「次郎坊」の呼称を用いることとする。
12) 「別当」は仏教における寺務を司る役目を示す用語であるため、本来は神社の神職としての用語ではない。この呼称が使われているのは、神仏分離令以前、生岡神社が「生岡大日堂」という真言宗の寺であった名残であるという。

当は、別当を補佐する役割である。この 2 者は他の役割と異なり、1 年限りではなく、前任者から引き継いでから毎年、大祭以外も年間を通じて管理の仕事を受け持つ。

　大祭の大まかな次第は、山伏と強力が法螺貝や太鼓を合図に登場し、氏子が扮する裃姿の強飯頂戴人の新役に対して、口上面白く「ありがたい山海の珍味を残さず食え」と命じる「子供強飯式」、別当が「御飯食に案内申す」と唱えながら、山盛りの里芋を口に押しこんで食べさせる「御飯食に案内もん」、木馬を乗り回す神事「春駒」などから成る。

　祭り組の担当年にもよるが、前日の準備日・祭礼当日をあわせて、のべ実働 60 名程度で運営され、多くの子どもや観光客が喝采するなかで盛大に行われる。厳粛な秘儀として行われる輪王寺の「日光責め」とは対照的に、非常にユーモラスな雰囲気のなかで行われる神事といえるだろう。なお、「生岡神社強飯式」は 1963 年、日光市より重要無形民俗文化財第 6 号に指定された。

## 2-4　生岡神社大祭の祭祀組織（旧体制）

　生岡神社大祭の次第・詳細についての記述に先立って、2016 年に運営方式が改革する前の祭祀組織の状況について述べておく。祭りの準備・執行は、七里を「上野組（上野地域）」、「中組（中妻地域＋上七里地域の一部）」、「上組（上七里地域の大部分）」の 3 氏子圏に分け、それぞれの氏子圏が一年交替の輪番制で祭り組を担当する。どの祭り組が担当する年でも、基本的な大祭の流れは変わらない。運営改革直前の 2015 年時点の氏子は全体で 200 戸あまり[13] で、当初は労力分散のためにこの方針としたという。

①上野組（ウワノ。上野＝ 20 戸程度）
②中組（ナカ。中妻（10 戸）＋上七里の一部（約 40 戸）＝ 50 戸程度）
③上組（カミグミ・カミシチリ。上七里の大部分＝ 130 戸程度）

---

13) 2015 年時点での七里の世帯数は 386 だが、集合住宅住まいの 1 人暮らし世帯などの諸々の事情で、この氏子祭り組に入らない世帯もある。

44

祭典委員長と氏子総代、別当主導のもと、祭り組が作業にあたっていく。事前の打ち合わせや、道具・食材の事前調達等を除いて、組の大部分の住民が参加する主要な仕事としては、前日（11月24日）・当日（25日）の2日間にわたって準備する作業がある。大まかには、男手が設営・境内清掃・来場者案内・駐車場誘導、女手が料理下ごしらえ・御供所清掃を担当していた。上組は戸数が多いので、組員の一部[14]が前日ないし当日いずれかの作業を担うものとされていた。

また、正規の祭祀組織ではないが、七里に居住する青年男性有志により構成される青年団・七友会（後述）と、野口小学校に通う児童の父兄で構成される子供育成会も、大祭をもり立てる活動をする。

## 2-5　儀礼の次第

ここで、生岡神社大祭における儀礼の次第について説明しておく。毎年11月25日の朝9時より大祭は開催され、行列、四方祓い、献饌、祝詞奏上、玉串奉奠（ほうてん）と行われてから、強飯式の準備となる。このとき、強飯式の席で新役の前に据えられる頂戴人用膳（納豆、五角形に切られた大根3枚、大根おろし、高盛の米飯（頂点に納豆1粒。かつては南天の実））[15]が2膳置かれる。そして、新役2人が拝殿へ入り、儀礼の定位置へ着座する。

①強飯式（第1座）（図1-4）

先導が御供所前につるされた太鼓を叩き、法螺貝を吹き鳴らしながら、拝殿横の渡り廊下に山伏と強力を引き連れて現れる。まず、藁シメの輪を左手に、中啓（扇の一種）を右手に持った山伏が拝殿へ入っていく。山伏は来賓の横をまっすぐ進み、新役の正面までゆっくりと歩み寄る。そして、左手に持つ藁シメを新役の被る籠笊に被せ、一度右足を左足の前においてから右足を引いて膝をつき、左膝の上に左手と右手を重ねて中啓を前に突き出して、以下のように口上を述べる。

---

14)　上組の場合は、自治体の班長が担当するという。
15)　食材は大豆・大根・白米といって素朴で、基本的に地産品が用いられる。料理係の女性によって作られるのではなく、氏子男性によってこしらえられるという。

**図1-4　子供強飯式（山伏による責め）**（2012 年 11 月 25 日、伊藤純撮影）

　コリャ、御新役、当山の作法、七十五杯、ツカツカおっ取り上げてのう召
そう、但し料理が望みか、強力をもって責む、ヤイ強力、料理を持てェ。

　山伏が立ち上がりながら口上を述べ終わると、渡り廊下に待機する強力は
「承う」と大声をあげる。その後山伏は新役に背を向け、床を踏み鳴らしながら
ゆっくりと拝殿から退場する。
　つぎに、法螺貝が吹き鳴らされ、肘比（ひじころ・うでころ。20cmほどの円
筒形の責め道具）を持った強力が拝殿に入っていく。強力は右左、左右、右左と
足を高く上げ、一歩一歩床を踏み鳴らすように新役正面の位置まで歩く。そして、
肘比を床にたたきつけ、片膝をつき、右手の肘比を突き出しつつ、口上を述べる。

　コリャ、中宮祠の木辛皮、寂光の青山椒、御花畑の唐辛子、生岡神社の生
大根。

　ここで強力は肘比を床にたたきつけて足を左右組み換え、左手の肘比を突き
出して続ける。

　コリャ、諸所の名物、よせての御馳走、七十五杯ツカツカおっ取り上げて
のう召そう。

　口上を述べつつ、再度肘比を床に叩きつけ、立ち上がりながら口上を述べ終

わると、強力は新役に背を向け、床を踏み鳴らしながら戻っていく。拝殿の端まで来ると、立ち止まって振り返り、「一粒でも残してはならん」と力強く念を押す。それを合図に法螺貝が吹き鳴らされるなか、強力は拝殿を去る。

②御飯食に案内もん（図1-5）

　強飯式が終わると、30cmほどの円錐状の高盛りにされた里芋2膳が、新役の前に運ばれる。別当が本殿に向かって右側の新役・太郎坊の前で片膝をつき、盛られた里芋の1つを手に取る。そして「オハンジキニアンナイモース、オワシニアンナイモース、オワシニアンナイモース」と述べながら新役の顔の前で右回りに3回円を描くように回して、里芋を口元に運んで新役に食べさせる。新役はむせ返りそうになりながらも、次々と差し出される里芋を口に詰め込む。これを3度繰り返した後、本殿に向かって左側の新役・次郎坊に対しても同様に里芋を食べさせる。

③春駒（図1-6）[16]

　まず別当と脇別当が本殿へ一礼する。そして御幣を持った脇別当が春駒という、1m長の先端に馬の頭を模した棒にまたがり、手綱を持つ別当の周りを飛

図1-5　御飯食に案内もん
（2012年11月25日、伊藤純撮影）

図1-6　春駒
（2012年11月25日、伊藤純撮影）

び跳ねながら右回りに３周回る。その後、手綱をもつ中心の役が脇別当に替わると、新役の２人が御幣を持って春駒にまたがり、脇別当の周りを回る。脇別当と新役とでは、本来は乗り方が異なるが、現在は厳格な決まりとはされていない。春駒が終わると、新役の２人も本殿に一礼し、退場する。

　春駒の儀式が終わると、高盛りの里芋は拝殿外の回廊に下ろされ、健康に御利益がある食物として来場者にふるまわれた。

　このあと、強飯式の２座目以降が行われ、２座目では宮司・神職が、３・４座目では来賓が頂戴人となって、山伏・強力の責めを受ける。その際に配られる膳は、新役のものと異なる式用膳で、高足膳に高盛りの小豆飯、牛蒡・人参・里芋・蒟蒻・大根の煮しめ、大きな煮がんも、煮魚、ほうれん草と、品目も彩りも豊かな料理が並ぶ。

　正午をもって、大祭のすべての次第が終了となる。

## 2-6　祭り組による３方式の強飯式

　子供強飯式の特徴は、地域に根ざした３方式が伝えられてきた点にある。地域ごとの輪番の祭り組（上野組・中組・上組）がそれぞれ異なる様式[17]をもち、ある種の相互的な対抗心をもって鼎立していた。たとえば強力の所作でいえば、上野組は最も古流に則った足運び、腕の上げ下げの動作、口上を受け継いでおり、あまり抑揚をつけることをよしとせず「淡々と威圧する」演技をしているという（図1-7）。中組方式は所作全体については上野組と同じくしつつも、一部の目立つ形式（腕を上げ下げしないなど）を変え、また、やや歌舞伎調に演出し、「浪曲のようにコブシ効かせ」ている（図1-8）。また、上組は全般的に大振りな所作と口上で、全体的に軽快で進行が早く、大きなジャンプを取り入れるなど、躍動感があり、「観客を楽しませる」ことを意識した演技にしている、などである（図1-9）。これらの様式の差異には、七里地区独自の人口動態的特

---

16）春駒は、一般には門付芸であり、正月に馬の頭の作り物を持って、祝言を唱えながら各家の角先を回る儀礼である。本大祭が正月祭りであった名残がここにあるが、この地域の口碑によれば、勝道上人の性格と幼少時代の生活を表したものともいわれる。

17）３地域の大祭参入年代、祭り組・３方式の開始年代に関して明確な根拠となる資料は見つかっておらず、また古老の意見も分かれている。

徴や、地域にまつわる住民意識が反映されており、様式をめぐる議論もたびた
び生じていた。

　子供強飯式は、その儀礼パフォーマンスが微笑ましく、華々しいものである
のと裏腹に、その裏局域 18) での合議は必ずしも平穏に取り決められてきたわ
けではない。むしろ諸問題を巻き込み、ある程度の摩擦が起きるときもあった。
しかし、そうしたせめぎあいの一方で、パフォーマンスをめぐり、強飯式のか
たちを問い直し続ける言論空間が形成され、それにともなう 3 地域ごとの自文
化意識への緊張感が醸成されてきたのである。


## 2-7　2016 年の運営改革

　営々と続けられてきた生岡神社大祭だったが、2016 年、さまざまな理由によ
り、運営体制が改革されることとなった（図 1-10, 11）。古老によれば、少なく

図 1-7　強力・上野組方式　　　図 1-8　強力・中組方式　　　図 1-9　強力・上組方式
（2013 年 11 月 25 日、岸利宜撮影）　（2009 年 11 月 25 日、西村悠撮影）　（2011 年 11 月 25 日、田沼惇一撮影）

---

18)　アーヴィング・ゴッフマンは、さまざまな社会現場において不特定多数の目にさらさ
　　れる「表舞台」にあたる領域のことを「表局域」、通常は外の目が届かないパフォー
　　マンスの裏、「舞台裏」にあたる領域のことを「裏局域」と呼んで、社会的実践の二
　　面性を説明した［ゴッフマン 1974（1959）: 124］。

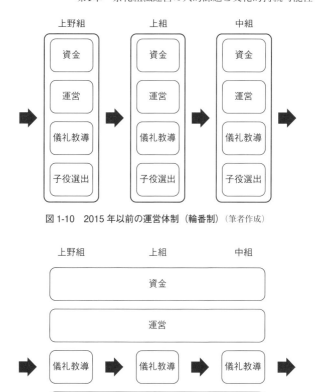

図 1-10　2015 年以前の運営体制（輪番制）（筆者作成）

図 1-11　2016 年以後の運営体制（筆者作成）

とも戦後以来もっとも大きな路線変更だったという。内訳としては、まず、①
3 地域の祭り組による輪番の運営を基本廃止し、七里全体運営に一本化したこ
とが挙げられる。前項でふれたように、生岡神社大祭は、七里内の 3 地域の祭
り組の輪番で、それぞれの強飯式が営まれることによって特徴づけられてきた。
しかし、地域によっては高齢化などによって人手が足りなくなり、労務負担が
いよいよ過重になってきたのだ。とくに上野組は、上野地域に生岡神社が所在
することもあって大祭への士気こそ高いが、深刻な過疎地域でもある。高齢化
も進んでおり、人的配置に対策を講じる必要があった [19]。これを受け、七里全
体ぐるみでの運営体制にするということで落ち着いた。

　しかし、そのような原則変更のなかでも、②儀礼教導と強飯式方式のみ輪番存続をすることとなった。すなわち、上野組・中組・上組の地域的枠組みは実質消滅しても、その３組が作り成してきた強飯式の演技の３方式自体は、残して輪番で実施するということだ。この地域を象徴する３方式にはそれぞれの祭り組の矜持があり、将来にも継承させていくべきものとされたのである。

　ただ、そこで問題となったのが、子役の選出である。それまでの子供強飯式の主役である山伏・強力の演者は、当該年の祭り組の子どもから選出されていたが、いまの上野には子役を演じられる年齢（9–14歳）の子どもがほぼ居なくなってしまったという[20]。この状況に対処するために、③子役を毎年、七里全体より選出することになった。この変更の詳細な背景と影響については後述する。

　いずれも社会変化への対応であったり、負担軽減を図るものであったりするが、この改定をめぐっては、祭礼運営におけるさまざまな人的課題が浮き彫りになっていたのである。次節においてそれらを検討していく。

## 3 祭礼をめぐる状況変化

### 3-1　信仰意識から、教育・伝統・共同性へ

　祭礼運営の背景として、まず氏子の考える実施意義が、「信仰意識から、教育・伝統・共同性へ意識変化」してきたことがあげられる。筆者調査による「なぜこの祭り〔生岡神社大祭〕が続けられているのか」という祭礼の意義についての質問に対して、調査時の氏子の語りには、（1920–1930年代生まれ世代の人々が運営に関わっていた1990年代前後までは色濃くあったようだが）「神様のため」などの信仰的な発言は少なく、子どもへの教育や、伝統維持、コミュニティへの寄与といった道義志向の発言が目立った。たとえば、生岡神社大祭

---

19）経済的負担も同様で、従来は３組それぞれで各戸より「大祭運営費」として資金を集めていたが、方針は各組バラバラで、上野組が「毎月200円」、中組・上組が「当番年5,000円」だった。金銭面から見ても、上野組がもっとも負担が重かった。

20）古老の話では、以前（詳細な年代不明。1980年前後と思われる）は十数人が志願し、オーディションが開かれていたくらい、候補の多い状態だったという。

について、「子どもに伝統の大切さを教えるためにやっている」「古くからの伝統を残すことが重要」「地域の絆を大事にしていく」などである。

　なぜこうした意識変化が起きているのか、インフォーマントとその理由についても話し合いつつ検討したが、生活における信仰的基盤のコミュニケーション（農耕に関連した寄り合い行事等）が消失した点と、新興住宅地域のニューカマーの参入により、彼らに配慮した儀礼の意義を再構築したという点が考えられる。農耕関連行事などに参加してきた昔ながらの住民であれば、生岡神社への信心や、その氏子としての共同意識を共有することはごく自然なことであったが、ニューカマーとそれを共有することは時間が必要なうえに、難しい。両者が納得して1つの事業をなしていくためには、「共有できる題目」が必要だったのである。

### 3-2　子どもの参加をめぐるモチベーションの変化

　つぎに、「子どもの参加をめぐるモチベーションの変化」に注目する。これは、少子化という地域の深刻な社会状況変化と、それによる近隣意識の変化によるものといえる。そもそも昭和末期以降の生岡神社大祭は、「七友会」という青年団有志によってもり立てられてきたところが大きい。七友会は、1970年頃に上野中心の青年層によって組織され、地元の地域振興のために、さまざまな行事を企画・運営してきた。生岡神社大祭においても、豚汁の提供や準備清掃などを、長年にわたって行っており、かつては出店の手配や、神楽殿（現在は消失）での演劇なども企画・実施していた。彼らが地域をもり立てようとする動機は、「近隣の子どもたちのため」だったという。当然、これに共鳴し、同様の動機のもとに尽力する、七友会以外の人々も数多くいただろう。

　しかし、近年、住民全体の就業構造が変化し、上七里地域中心に核家族世帯が多くなってくると、事情は変わってきた。夫婦共働きの世帯は、学童保育の制度が整っている小学校でなければ、子どもを安心して育てられない。地域の小規模校の野口小学校よりも、多少遠隔通学になってでも、学童保育が整備された日光小学校[21]のほうを選択し、子どもを校区外通学させる家庭や、日光小近くに転居する家庭が、七里内でも多くなったのである[22]。

　前述したように、従来は、生岡神社の近隣に位置する野口小学校の児童から

子役が選出されていた。そのため、野口小学校では毎年の大祭当日が「生岡神社大祭見学日」と設定され、多くの児童が見学に詰めかけ、境内がにぎわうのが風物詩だった。しかし、校区における少子化・過疎化により、野口小学校は児童数が減少し続け、2020年3月には閉校となった。

　野口小学校の縮小にともない、子供強飯式における子役が日光小学校から選出されることになると、野口小近隣のある氏子は、祭礼の意義とモチベーションにゆらぎが生じていることを感じさせる発言をするようになった。一方で、この状況変化を受け、新たにポジティブな意義を見出す発言もあった。氏子総代を務めるW氏（70代男性）や、元別当・T氏（70代男性）によれば、「これまでは自分の身内の子どもたちのために（大祭を）盛り上げようとしていたけれど、これからはより広い意味での子どもたちみんなのために祭りを作ろうとしている」のだという。他の氏子もこうした意見に同意を示していたことから、少なくともある程度は地域内で共有されている感覚と思われる。地元意識の垣根を超えて、大祭により広い社会的意義を見出しているといえる。

### 3-3　儀礼の技術継承

　「儀礼の技術継承」も祭礼運営の重要な問題である。運営統合後も、七里3地域の方式が存続し、元・各組の儀礼教導係が継承を取り仕切ることとなったが、過疎地域である上野は、年配層（70代層）が主導しており、安定的継承が課題となっている。

　各方式の係によって、山伏・強力の練習の方針は異なる。たとえば上野方式

21）たしかに日光小学校は、学童保育が設置されており、共働き世帯にとっては有用な体制がとられている。しかし、同市における学童保育のニーズがあまりにも多く、慢性的な人手不足・設備不足で、課題も山積しており、子どもの受け皿として逼迫した状況にある。そしてこの現象は、2020年以降のコロナ禍によって急加速するようになった［下野新聞SOON 2020］。

22）平成の大合併によって、2006年に当時の日光市と今市市、足尾町、栗山村、藤原町が合併し、現・日光市が新編され、同時に当地の学区が変更された。旧・今市市に所在していた野口小学校の児童は、この学区変更により日光小学校に通うことも可能になった。また、公立小学校の場合、通常は校区による区分けどおりの学校への通学が指定されるが、学童保育をとくに必要とする家庭が、自身の指定校区に学童保育がない場合などに、学校に申請して校区外の学校への通学が認められることもある。

の場合、七里公民館や生岡神社拝殿を練習場として、11 月初旬から大祭当日までは放課後から夜まで、平日は毎日練習する。儀礼の演技は、手引きどおりに口上を読み上げ、歩法をなぞればいい、というものではない。口上・歩法・立ち居振る舞いの技術は、どの組の方式も文字化できない要素（抑揚やキレ、歩法の強弱等）が大部分で、教導係が自分でやってみせたり、身振り手振りを交えたり、過去の動画を見せたりと、さまざまな方法で「山伏らしさ」「強力らしさ」を伝えていく。そのような非言語的／身体感覚的な情報が交わされる場であるだけに、ごく少数の熟達者に委ねられてしまいがちといえる。

### 3-4　労務負担の偏り・集中化

　本章でもっとも焦点化したいのが、「労務負担の偏り・集中化」である。小規模な集落の民俗の宿命であるが、地域間・個人間の負担格差が大きく、献身的な人に負担が集中するいっぽう、神社の場所すら知らない氏子も存在する。たとえば、元別当・Ｔ氏（70 代男性）は、神社の隣に住居があるため、儀礼や神社清掃を長年 1 人で担当していた。彼の負担はたびたび顧みられてはいたが、なかなか交代する者もおらず、負担の軽減化がされない状況となっていた。また、情報担当を担うことになったＨ氏（40 代男性）は、元システムエンジニアの転入者であったため、SNS での拡散等、インターネットを用いた広報に大きく貢献している。だが、ただ 1 人での担当であるため、ノウハウや作業の共有が他の者に対して十分にされているとはいえず、広報活動の存続が危ぶまれる。

　そうした目線で見れば、七里の祭礼運営は「替えの効かない人材をアテにする」側面が大きい。山伏がもつ錫杖も、金属加工業者の住民の手製であるし、山伏・強力の隈取のような化粧は、化粧品会社で働く女性に頼っている。現在は消失した 2 階建ての神楽殿で、かつて行われていた演劇（国定忠治などの大衆演劇）や曲芸、奉納相撲なども住民それぞれの得意な技能や知恵を持ち寄って構成されてきたといえる。

### 3-5　コロナ禍における継承

　「コロナ禍における継承」も重要な問題としてある。COVID-19 の世界的な蔓延を受け、2020 年より日本全国の多くの集会イベント等が自粛された。2020

年と 2021 年の生岡神社大祭も他の地域の民俗祭礼と同様に基本中止となり、神社への祝詞奏上等のみ実施することとなった。終戦直後以来、初の中止となったが、インフォーマントに中止に至る議論の過程をうかがったところ、「あっさり決まった」「反対する人はいなかった」という。また、儀礼教導などの技能や社務といった幅広い実務の継承等について懸念すべき点、今後の方策について尋ねると、「同じ人が継承するから大丈夫だと思う」「勝手がわかってる人たちだから、不安はない」とのことであった。これはすなわち、長期担当を期待できる人がいることで十分とされており、少人数でのノウハウ継承が前提化されているということになるが、ここにこそ問題の根深さがある。

　コロナ禍に限らず、何らかの突発的な不測の事態によって、重要な役目を担う担当者が従事不能となったとき、この方針では、それまでの蓄積が共同体から忘失され、ときには祭礼のかたちが大きく様変わりせざるをえない。筆者は、別の調査地での現地調査においても同様の状況を見聞きした[23][松田 2017]。しかし、これは七里をはじめとしたさまざまな地域で継承の取り組みが周到でない、ということではない。七里においては、地域固有の民俗を保持すべく予備体制に注力するというよりは、人の特技や状況に頼った人的運用によってその都度の運営を生成的にまかなってきたのである。これについては次節で考察するが、ともかくコロナ禍によって七里においても表面化した継承の問題については、今後の運営の人的運用のあり方に注目していかなければならない。

　生岡神社大祭をめぐる状況の変化を概観すると、「地域の状況変化により、新たな協力体制を作るための意義と運営方式が必要となったこと」「継承には、非言語的／身体感覚的な情報や、ときに過負担を伴うものがあること」などがわかる。こうした信仰意識・就業構造の変化や、人口・世代構成の不安定化は、七里だけでなく、日本各地の民俗祭礼において見られるものであり、昔ながらの意義やモチベーションがゆらぎ、既存の分担制度のあり方と実情とのあいだ

---

23）筆者は、生岡神社子供強飯式と同様の食責め儀礼、栃木県鹿沼市上粕尾（かみかすお）の「発光路（ほっこうじ）の強力行事」を現地調査した折、当地の強力役や山伏役も毎年ほぼ同じ人物が同じ役目に就いているという有り様を知った。演技は熟達しているが、その人がいなくなったときのノウハウ授受が完備されておらず、運営陣がそのことに不安を抱いている様子もなかった。

にミスマッチが生じてきたのではないだろうか。

　地域祭りの運営に尽力することは、かつては信心や地域内での威信とも結び
つき、それ自体が誇りであり、誉れだった[24]。それだけに、実施にかかる労務
的・経済的負担は——人にもよるが——苦が苦とならず、負担の格差も気にさ
れずにいた。しかし、さまざまな状況変化から、少人数の献身まかせにするよ
うな体制では立ち行かなくなってくる。

　では、これらを踏まえ、七里の生岡神社大祭における文化の持続可能性はい
かに考えられていくべきか。当初の問題提起に立ち返って考えていきたい。

## 4　祭礼運営における文化の持続可能性

### 4-1　祭りが変わるとき

　七里における生岡神社大祭は、2016年の改革のみならず、さまざまな側面か
ら時代的な状況の変化を受けてきた。そうした変化に対応すべく、住民の限ら
れた人的資本を巧みに運用することが余儀なくされてきたといえる。そのメリ
ットとしては、「住民1人1人の特技や状況を活かした、祭礼の特色が生まれ
る」ことや、「ノウハウの長期蓄積（スペシャリストの育成）が期待される」こ
となどがある。これを「人的資本の有効活用」と解釈し、地域の知恵として捉
えることもできる。しかし、そこにはデメリットもあり、「役割の固着、個人依
存化」や、「負担の偏向（少数人の献身・大勢の無関心）」、「ノウハウの一極化、
継承のリスク」などが挙げられるだろう。これらは総じて属人化のジレンマと
して考えなければならない。

　人的資本の活用について担い手となる住民が取りうる選択の1つは、まず、
①タスクに対する人的資本を平準化させるような協働分担の体制をしくことで

---

24)　筆者は、2007年に栃木県小山市白鳥地区にて、頭屋制の残る「白鳥地区古式祭礼」を
　　現地調査した際にも、「祭りに尽力する者の誉れ」をより強いかたちで垣間見た。彼
　　らは、向こう十数年の長期計画を立てて、世帯ごとに数年がかりで準備して頭屋を引
　　き受け、祭りにのぞむ。頭屋の役目に、住民の饗応役となってたくさんのごちそうを
　　振る舞うというものもあり、そのために自宅を建て替える者、破産する者もいたとい
　　う。頭屋を引き受けることは、通過儀礼であり、人生の一大要素だったのである。

ある。負担の不均衡を是正しつつ、安定的に祭礼を実施していくためには、当人の経験や適性を超えて、協働して遂行しうるような状況を構築しなければならない。具体的には、タスク（とその要求水準）自体を調整したり、ノウハウが関わる現場には余裕を持った人数で担当したり、継承を見据えて後継者候補にOJT [25] を行ったり、教授法やマニュアルを整備したりといった方法が考えられる。祭りの担い手を一部、外部者に任せてみたり、学校や市民を対象としたワークショップを開いてみたりすることなども有効な方法である。外からの目線によって緊張感が生まれるうえ、教授法やマニュアルもさまざまな人々を対象とすることで精緻化されていく [26]。本来は民俗を啓蒙・周知する方法だったが、持続可能性を高める方法にもなりえるのである。

　もう１つの選択は、②祭礼運営を「その都度の生成的な人材のありあわせ」と捉え、可塑性の高い「ゆるい属人化」を志向することだろう。七里がいままでそうしてきたように、住民１人１人の個性や得意分野・属性を持ち寄ることは、その祭礼自体の個性を彩る（「儀礼に精通」「経験豊富」「教え上手」「演劇に精通」「元システムエンジニア」「化粧品営業」「金属加工業者」「学校関係者」「家が神社近隣」「若い」……etc.）。その多くが「替えの効かない人材」であり、その特性を「いつも期待できるとはかぎらない」。だが、紛れもなくそうした人々によるその都度の実践が生岡神社大祭の歴史を形作ってきたのである。祭礼がその時々の人材によって生成的に作られ、その方針をよしとするとならば、いくばくか属人化していることに意識的／自覚的になり、「現状を前提化しない」「変えるべき点・残すべき点に共通認識をもつ」「変わるもの・作られるものであることを前提化する」「新しくできることを模索する」といった、変化を受け入れる姿勢こそが肝要ではないだろうか。

---

25) On the Job Training の略。新人を実際の仕事を通して指導する訓練法。
26) 筆者が見てきたさまざまな事例で、「外部者向けの催し」が実践されてきたが、山形県上山市の民俗行事「加勢鳥」では、毎年「外部サポーター」という枠があり、全国各所からの協力者が氏子とともに舞い踊る。これが教授法の発展や、加勢鳥自体の活性化につながっている。

## 4-2　文化的持続可能性と生岡神社大祭の問題系

　カトリーナ・ソイニとインガー・バークランドのCS関連研究の7つの
タイプ[27] に基づいて本章の議論をあらためて検討すると、Ⅰ型（cultural
heritage：文化遺産の保護や継承）、Ⅱ型（cultural vitality：文化遺産や文化施
設等の活用による地域社会の活性化）、Ⅶ型（locality：人々の価値観や文化的
権利に基づくボトムアップ型の開発）の議論を含んできた［Soini & Birkeland
2014］。

　とくにⅦ型の議論において、ソイニとバークランドは、トップダウン的開発
事例をめぐる先行研究を整理しつつ、開発が地域住民にとって適応できるよう
に進められるべきであること、地域の慣習法、コミュニティの自治、コミュニ
ティの資源が認識される必要があることを述べている。すなわち、これらは地
域住民の管理による運営と、地域住民の文化的慣習や地域的状況への理解の重
要性を示唆する主題といえる。子供強飯式の事例においても、一貫して地域主
体で行われてきたことで、住民の生活相や思想にまたがる独自の知の体系が生
まれていた。その体系について経緯と現況とを把握し、価値を認めるとともに、
コミュニティの人的資本や人々の適応がいかに動態的かつ生成的であるかも含
めて理解していかなければならない。

　また、本研究においてもっとも強く焦点化したのは、生岡神社大祭の「保護
や継承の活動」自体と「民俗祭礼の社会的価値」とが分かちがたく相関してい
る——継承の活動自体が地域の振興や次世代への希望、精神的充足につながる
営みとなっている——点であり、Ⅰ型とⅡ型の狭間にある問題といえる。ソイ
ニとバークランドは、Ⅰ型の議論で文化遺産が当地の知の集積であり、文化的
アイデンティティの源として論じられていること、Ⅱ型の議論で文化遺産の活
用のあり方が（とくに現代のグローバル化のさなかで）問われていることなど
を整理してきたが、その中心に人的資本をめぐる課題があることはここまで見
てきたとおりである。これは七里だけではなく、他の地域においてもみられる
状況であり、持続可能性を大きく左右する問題であるうえ、文化を保持するコ
ミュニティの実践的な課題といえるだろう。

---

27）これらの分類の詳細は本書序章（☞ 17-18 頁）を参照のこと。

　日本において、戦後以来、とくに無形の民俗の遺産化の機運が高まったが、その背景には古形の変容を憂慮する声が色濃くあった［三隅 1985］。しかし、遺産化にこだわるあまりに、保持するコミュニティが時代状況の変化との板挟みにあい、疲弊してしまう事態も起こりかねない。ときにはその時代ごとの新企画の立ち上げや、マイナーチェンジ、人の運用のあり方を変えていくことなども、その文化を血の通ったものとして持続させていくためには必要となるだろう。エリック・ホブズボウムとテレンス・レンジャー［1992 (1983)］の「伝統の創造論」をはじめとして、古くからあったとされ尊ばれてきた伝統が、実際には政治経済的な文脈において新たに作り出されてきたことを明らかにした研究は枚挙にいとまがない。文化遺産を管轄する文化庁やユネスコも、重要な要素を脅かさない変化を許容することで、真に重要なものを守ることを文化遺産保護の要諦としている［国立文化財機構奈良文化財研究所 2015：95］。文化の持続可能性は、その文化に携わる各時代の「人」ないし、「協力の規範」の連続性、またそれらへの周囲の理解にかかっているのである。

## 5　おわりに

　かつては日常的で、だれもが知る・当たり前のものとしてあった民俗が、突如として消失してしまう事例は、多くのフィールドで見受けられる（むしろありふれていたものだからこそだろう）。アイヌやマタギの狩猟文化を研究する田口洋美は、オンライン講演［田口 2022］にて、そうした現象について「集団記憶喪失」と表現し、文化記述の必要性を論じた。急激な「生活変化」が起こると、その変化への対応に追われ、生活環境の何もかもを変えていくうちに、元

---

28）もしくは、共同作業で特定の熟達者のノウハウに頼り、いざその人間がいなくなると、だれもわからなくなる、という事態もフィールドでよく見受けられる。とくに、マニュアルが残されていても、その存在が伝えられていなかったり、読み方がわからなかったり、肝心の情報が書かれていなかったりと、文化継承の困難は深刻な課題である。
29）たとえば、学術誌に論文を書く、オープンアクセス媒体に論文を書く、講演会をする、ワークショップを開くといった発信方法があげられるが、いずれにせよ祭礼の裏局域に注目した記述をさまざまな媒体で発信していくことが重要といえるだろう。

からあったものをだれも思い出せなくなってしまうのだという[28]。その時代に必要とされてきた民具の製法や、伝統食の料理法、儀礼の作法や伝承等、失われるとはつゆほどにも思われなかった「あたりまえにあった」文化ほど、たやすく消失してしまうのである。

　コロナ禍による空前の「生活変化」を迎え、地域をめぐる運営問題は、今後、根本から問い直されていくことが予想される。特定住民への過負担や、モチベーションのゆらぎを始めとした人的課題は、その問い直しの重要な要素である。

　文化を持続させていくことの根源的な意義は何か。その１つは、さまざまな人々が生きてきた歴史を、無に帰することを防ぎ、後代に活かしていくことだろう。だとすれば、当事者たちが変化の状況に直面して、葛藤し、工夫し、対処してきた、七里の生岡神社大祭の変更過程の歴史には、我々が参照すべき意義ある情報が凝縮されていたといえる。「文化の維持が何のためのものか」をつねに念頭に、研究者がその生成性を記述し、発信していくことが[29]、結果的に「文化が持続することの価値」を高めていくことになるだろう。

**【引用・参考文献】**

岩本通弥（編）［2007］『ふるさと資源化と民俗学』吉川弘文館

太田好信［2001］『民族誌的近代への介入――文化を語る権利は誰にあるのか』人文書院

尾島利雄［1975］「日光生岡神社の子供強飯式」『民俗芸能』56: 17-21.

クリフォード, J. ／太田好信ほか（訳）［2003 (1988)］『文化の窮状――二十世紀の民族誌、文学、芸術』人文書院

国土地理院［2022］「地理院地図（電子国土Web）」〈https://maps.gsi.go.jp/#16/36.738919/139.628130/&base=std&ls=std&disp=1&vs=c1g1j0h0k0l0u0t0z0r0s0m0f1（2022年6月26日閲覧）〉

国立文化財機構東京文化財研究所無形文化遺産部（編）［2011］『無形民俗文化財の保存・活用に関する調査研究報告書』独立行政法人国立文化財機構東京文化財研究所

国立文化財機構奈良文化財研究所［2015］『World heritage papers 26――世界遺産の文化的景観 保全・管理のためのハンドブック』国立文化財機構奈良文化財研究所〈https://sitereports.nabunken.go.jp/ja/16698（2022年6月26日閲覧）〉

ゴッフマン, E. ／石黒　毅（訳）［1974 (1959)］『行為と演技――日常生活における自己呈示』誠信書房

下野新聞SOON［2020］「ニーズ高まる学童保育 脆弱な運営基盤が課題」3月25日〈https://www.shimotsuke.co.jp/articles/-/29321（2022年6月26日閲覧）〉

田口洋美［2022］「縄文・アイヌ・マタギから学ぶ森と人との豊かな関係」NPO 法人遠野エコネット主催オンライン講演会、2 月 26 日〈https://watashinomori.jp/news/2022/20220203_26.html（2022 年 6 月 26 日閲覧）〉

栃木県教育委員会［1977］『栃木県民俗資料調査報告書第 12 集 栃木県の強飯』栃木県教育委員会

中川光熹［1980］「日光山の延年舞と強飯式」五来　重（編）『修験道の美術・芸能・文学 1』名著出版, pp. 280–310.

俵木　悟［2011］「民俗芸能の伝承組織についての一試論──「保存会」という組織のあり方について」『無形民俗文化財の保存・活用に関する調査研究報告書』59–79.

福原敏男［2003］『神仏の表象と儀礼──オハケと強飯式』歴史民俗博物館振興会

ホブズボウム, E. & T. レンジャー（編）／前川啓治・梶原景昭（訳）［1992 (1983)］『創られた伝統』紀伊国屋書店

松田俊介［2011］「民俗儀礼にみる "大食" の文化的活用」松田俊介・蔵持不三也『医食の文化学』言叢社, pp. 57–140.

松田俊介［2017］「食責め儀礼における民衆文化の処世の構図」蔵持不三也・嶋内博愛（監修）／伊藤　純・藤井紘司・山越英嗣（編）『文化の遠近法──エコ・イマジネールⅡ』言叢社, pp. 363–404.

松田俊介［2018］『儀礼をめぐる情報の表象と編集──強飯式の人類学的研究』早稲田大学博士学位論文

三隅治雄［1985］「民俗芸能の有効な保存伝承方法の確立に関する調査研究（第一部）──継承者の過去と現在」『芸能の科学』15: 1–25.

矢島清文［1955］「強飯式私考」『大日光』28: 52–56.

柳田國男［2013 (1965)］『日本の祭』角川学芸出版

Soini, K., & I. Birkeland［2014］Exploring the Scientific Discourse on Cultural Sustainability. *Geoforum* 51: 213–223.

第2章

# 地域とサイバー空間の相互作用に支えられる儀礼の文化的持続可能性

### 栃木市都賀町家中の鷲宮神社における強卵式の事例から

酒井貴広

## 1 はじめに

　「伝統」という言葉を耳にしたとき、あなたは何を想像するだろうか。古いもの、世代を越えて受け継がれてきたものを想像する読者が多いのではないか。では、古くなればどんなものでも伝統化するのだろうか。一例として、テクノロジーに着目してみよう。千歯扱きや備中鍬は「伝統的な」道具と感じられるだろうが、これは我々現代人の見方であり、これらが世に現れた当時は便利な最新技術であった。一方、トラクターを伝統的な道具と感じるだろうか。トラクターはすでに100年以上世界各地で様々な農地を耕してきたが、これを伝統的な道具と解釈する人は稀ではないか。以上のように、日常生活で用いられる「伝統」という言葉にある種の解釈の方向性が付随することは否めない。それでは、伝統文化と現代文化はいかなる地平で交わるのか。

　以上の問題意識を踏まえ、本章では栃木市都賀町家中（つがまちいえなか）で実施されてきた儀礼「強卵式」（こうらんしき）を事例に、民俗学の見地から伝統と現代を架橋する儀礼の文化的持続可能性（cultural sustainability）を議論する。強卵式とは、神社の拝殿で裃を着た10名の頂戴人が天狗に日本酒の一気飲みと卵の大食を強制される儀礼である。神社、裃、天狗といった要素から、強卵式を古式ゆかしい伝統儀礼と想像する読者もいるだろう。しかし実際には、強卵式は2001年に創設された比較的新しい儀礼である。強卵式は、地域の言説のみならずサイバー空間上の言説とも結び付きながら、2019年まで毎年継続的に実施され「伝統化」しつつあった。もっとも、他の多くの伝統儀礼と同じく、2020年初頭から続く新型コロナウイルス感染症（COVID-19）の世界的流行の影響で2020年の強卵式は中止

された。コロナ禍の続く 2021 年中も日本各地の儀礼の多くは開催を見合わせ
ざるを得なかったが、強卵式はある外的要因から急遽実施される運びとなった。
2020 年における強卵式の中止と 2021 年の復活は、現代社会における伝統文化
の在り方を考える良き手掛かりになる。

　本章では、第一にコロナ禍に直面した強卵式を民俗学的に考察する。第二に、
強卵式が地縁血縁的紐帯から離れたサイバー空間上でいかに再表象されてきた
かにも注目し、地域の言説とサイバー空間上の言説がどのように影響しあうか
を指摘する。

　本章は 6 つの節で構成されており、続く第 2 節では強卵式の概要と先行研究
及び残された問題点を述べる。第 3 節では、2020 年と 2021 年の強卵式につい
て、フィールドワークに基づき考察する。第 4 節ではサイバー空間上の強卵式
に関する言説に着目する。第 5 節ではそれまでの議論を下敷きに結論を提示し、
第 6 節で今後の展望を示し結びとする。

## 2 強卵式と先行研究

### 2-1 強卵式とは

　議論に先駆け、本章で取り上げる強卵式の基本的な情報を提示する［酒井
2017：549-551］。江戸時代から現在にかけて栃木県下各地では、参加者に大量
の飲食を強いる儀礼が行われてきた。これらの儀礼では、山伏に扮した人物か
ら大量の米飯を平らげるよう強制される場面が多く見られ、一般的に「強飯式<sup>こうはんしき</sup>」
と呼ばれている。しかしながら、各地における儀礼の名称は、日光責め（日光
市）、発光路<sup>はっこうじ</sup>の強力<sup>ごうりき</sup>（鹿沼市）など様々であるため、本章ではこれら栃木県下の
大食儀礼を便宜的に「強飯行事」と呼称する。

　強飯行事のうち、強卵式とは栃木市都賀町家中[1] の鷲宮神社<sup>わしのみやじんじゃ</sup>において、2001
年に創設された神賑行事[2] である。2020 年 10 月 1 日時点で、家中は人口 3,778

---

1)「栃木市」が市町村区分、「都賀町家中」が大字を指す。以降の文中では都賀町家中を
　「家中」と呼称する。
2) 祭事において担い手の意識がヒトに向けられている場面を指す。担い手の意識がカミ
　に向いている場面は「神事」と呼ばれる。

**図 2-1　家中・鷲宮神社周辺図**
（2016 年時点の国土地理院地図ウェブサイトを基に筆者作成）

人、世帯数 1,355 世帯を擁する［栃木市 2020］。家中は上新田、本郷、中妻中の内、中荒井、橋本、中新田、宿、新名地、鷲宮、桜本、下新田の 11 の小字に分けられ、この区分けが自治会、祭り組の組分けとなる［松田・酒井 2016：3-4］。

　鷲宮神社あるいは鷲宮社の名を冠する神社は茨城県、埼玉県、千葉県、栃木県、福島県、山梨県に合計 24 社存在する。これらの社は埼玉県久喜市の鷲宮神社を本社とするお酉様信仰に連なるものが多い。家中の鷲宮神社は JR 東日本の家中駅から約 2km 東方に位置する、家中の総鎮守である（図 2-1）。

　家中の鷲宮神社は祭神に天日鷲命を奉り、神使を酉に定めている。加えて、北条政子と源頼家に関連する独自の伝承を持つ。その伝承とは、源頼家が百日咳にかかった際、鷲宮神社で母親の北条政子が卵と鶏肉を断つ願を掛け、頼家が寛解したというものである。これらの理由から、家中の鷲宮神社は鳥類に特別な意義を見出し、「境内で卵や鶏肉を口にしない」とする一種の禁食規制を敷いてきた。しかし、2000 年頃にはこの規制が家中の住民に忘れられつつあり、そのことを危惧した鷲宮神社宮司（以下、宮司と表記）の A 氏や後述する太々神楽保存会の主導で強卵式が創設された。

　鷲宮神社では毎年 11 月 23 日に 1 日かけて例大祭を実施してきた。2020 年にコロナ禍が発生するまでの例大祭では、朝 9 時頃から昼頃まで神事を執り行い、昼食を挟んで午後 1 時半頃から神賑行事として強卵式を開催してきた。

　強卵式の式次第を詳述すると、以下の 7 段階に分けることができる。まず、

64

①拝殿に上った宮司・神職・天狗・赤の面・青の面・巫女・頂戴人らが参拝と祓いを済ませ、②頂戴人が天狗から日本酒の痛飲を強いられる「御神酒の儀」（図2-2）、③引き続き天狗から卵を食べるよう迫られるが、頂戴人が断固としてそれを拒否する「強卵の儀」（図2-3）、④太々神楽保存会（以下、保存会と表記）所属の巫女による「浦安の舞」と続く。その後、⑤頂戴人らが卵を祭神に献饌し、⑥再び殿上の全員が参拝することで拝殿における儀礼は終了となる。この後、頂戴人らが拝殿横の神楽殿へ移動し、⑦参加者に卵を投げ与える「福撒き」が行われる［酒井 2017：549–550］。

　本章の議論に深く関係する役割に説明を加えると、頂戴人とは家中内外から集められた（男女問わず）10人が担う役割で、②の御神酒の儀で一升瓶に入っ

図2-2　御神酒の儀で頂戴人を大喝する天狗
（2015年11月23日、筆者撮影）

図2-3　強卵の儀で卵の大食を強いる天狗と平伏して耐える頂戴人たち
（2015年11月23日、筆者撮影）

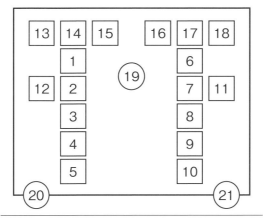

1、2、3、7、8…賓客　6…天狗への応答役
4、5、9、10…青年氏子、もしくは酒豪の賓客
11、12…介添人（保存会）　13、14、17、18…巫女（保存会）
15…宮司　16…神職　19…天狗（猿田彦）　20…赤の面（鬼）
21…青の面（鬼）

**図 2-4　強卵式における席次**（筆者作成）

た日本酒をラッパ飲みし、続く③の強卵の儀では執拗に卵を食べさせようとする天狗の責め口上を耐え抜くことが求められる。天狗は②、③の実質的な主役であり、大声で頂戴人たちに命令しながら、これらの儀礼を執り行う。④に登場する巫女役の少女たちは保存会に所属しており、他の保存会メンバーも神楽殿で午前中から様々な神楽を披露している。加えて保存会は、宮司とともに現在の強卵式の運営主体[3] を担っている。

　図 2-4 において、強卵式における席次を示す。拝殿に上った頂戴人たちは1から 10 の位置に正座し、中でも 4、5、9、10 の位置（観客のひしめく境内に近い側）には酒に強い男性や比較的若い人が座る。また、6 の位置の頂戴人は

---

3）2001 年に強卵式を創設する際には、家中外から招いたイベントコンサルタントも企画に参加していた。しかし、イベントコンサルタントは卵や鶏肉を使ったメニューの大食いで人々の興味関心を集めようと提案したため、他の運営主体である宮司と保存会に提案を却下された。以降強卵式の運営にこのコンサルタントは携わっていない。しかしながら、強卵式を人々の興味関心を掻き立てる儀礼にするという目的意識は、創設から今日に至るまでの強卵式にも見出すことができる［酒井 2017：552-553］。

強卵の儀終盤で天狗に対し卵を口にしない理由を述べる役割があり、栃木市長など比較的社会的地位の高い人物に任されることが多い。11 と 12 は保存会メンバーが務める介添人を指す。介添人は頂戴人たちの補佐を主な役割とし、頂戴人たちの後ろに控えて過剰な一気飲みや卵への接触を口頭で牽制し、強卵式のスムーズな進行を下支えする。13、14、17、18 は浦安の舞で主役を務める巫女であり、浦安の舞の奉納以外に、御神酒の儀と強卵の儀の合間に頂戴人たちの前へ皿に盛られた大量の卵を運ぶ役割も担っている。15 には宮司、16 には神職が座る。15、16 は①、⑥の参拝と祓いを主導する。19 は御神酒の儀と強卵の儀で実質的な主役を務める天狗である。保存会メンバーの特定の男性が扮する天狗は拝殿内を広く歩き回り、10 名の頂戴人たちに鯨飲大食を強いる。基本的には向かい合った 10 人の頂戴人たちの眼前を歩くが、御神酒の儀の途中で 20 や 21 の立つ濡縁まで躍り出て観客に酒の入った一升瓶を引き継がせる[4]、強卵の儀の締め括りとして境内の観客たちに卵食禁忌の理念を大声で周知するなどダイナミックに立ち回る。20 は赤の面、21 は青の面と名付けられた鬼の面を被った人物を指す。両名は強卵式の行われる拝殿を背にする形で濡縁に仁王立ちし、境内に集まる観客たちに睨みをきかせる。

## 2-2 先行研究

　以上を踏まえ、先行研究に目を向ける。強飯行事全般に関する研究に鑑みると、栃木県内の強飯行事は、江戸期における輪王寺の強飯式（日光責め）が下敷きとなり広く分布したものと考えられている。日光責めは、土着の慣習として実施されてきた既存の行法が東照大権現と日光三社権現の権威高揚を目的として儀式化されたものであり、日光東照宮造営以降に形式が固定されたという。この日光責めの形式が県内各地の強飯行事の形式的モデルになったと結論付けられている ⌊矢島 1955；中川 1980；福原 2003⌋。一方、今のところ強卵式を対象とした学術研究はきわめて少ない。あえて挙げるならば、松田俊介が 2010 年代に栃木県下に現存する大食儀礼を実地調査に基づきマッピングした仕事が

---

4）毎年必ずではないが、頂戴人が飲み切れない酒を天狗の判断で境内にいる観客に引き継がせることがある。頂戴人たちよりも観客に近い場所で一気飲みが行われるため、儀礼のボルテージが最高潮に達する場合が多い。図 2-5（☞本章 75 頁）も参照。

ある［松田 2015］。これによると、輪王寺の日光責め、生岡神社の子供強飯式
などその調査時点で確認できたほぼすべての強飯行事は 1975 年以前から存在
しており、2001 年に創設された強卵式は最も新しい事例であると言える。

## 2-3　筆者の研究

　筆者は松田とともに 2013 年から栃木県内の強飯行事の現地調査を実施し、
発光路の強力行事（鹿沼市）、子供強飯式（日光市）に加え、家中の強卵式を調
査してきた。松田と筆者の研究を比較すると、松田は強卵式を含む栃木県下の
強飯行事を体系立て、それらの構造的類似性を軸とするマクロな研究を志向し
てきた［松田 2015, 2018］。対して筆者は、強卵式自体の特徴に焦点を絞り、強
卵式の独自性はサイバー空間上の言説と良好な関係を築くことで再帰的にアド
リブとパフォーマンス性を増す点にあると論じた［酒井 2017：549–557］。強
卵式の観客たちは毎年アドリブを交えて披露されるその年だけのパフォーマン
スを「楽しんで」大笑いし、野次を飛ばし、強卵式の運営を担う宮司や保存会
メンバーも観客たちが楽しむことを「楽しんで」いる。筆者は、「楽しむ」を共
通項として家中の言説とサイバー空間上の言説が相互作用をなすことで、強卵
式が静的な儀礼ではなく動的な現代芸術と化しながらも継続的に実施されてき
たと解釈した[5]。

　筆者は強卵式の持続可能性を議論するうえで援用できる事例として、アニメ
ーション番組（以下、アニメと表記）による町興しに着目した［酒井 2017：
560–562］。当時アニメを用いた町興しを成功させていた埼玉県久喜市[6]と茨城
県大洗町[7]に着目し、2 つの成功事例の裏に各地域の住民たちと訪問者双方が
「楽しんで」町興しに巻き込まれていったと指摘した。そして、強卵式も運営主
体・観客双方が「楽しむ」ことで儀礼を盛り上げようとしており、強卵式とア
ニメを使った町興しは構造的相似関係にあると解釈した。

---

5）第 4 節で詳述するが、鷲宮神社も宮司の管理運営するウェブサイトやブログ、Twitter
　アカウントを開設し、サイバー空間上で積極的な情報発信を行ってきた。
6）漫画及びアニメ「らき☆すた」を用いた町興しを成功させていた。鷲宮神社の本社が
　存在する地域でもある。この作品と鷲宮神社については第 4 節で検討する。
7）アニメ「ガールズ＆パンツァー」を用いた町興しを成功させていた。

一方で、経済的な問題も残されている。強卵式には 11 の小字が独自に作り上げる山車、天狗や赤の面、青の面といった登場人物、福撒きなど耳目に訴えかける派手な事物も見出されるが、実のところそれらは「ありあわせ」のもので形成されている。山車は普段農作業で用いるトラクターに装飾を施したものであり、天狗などの面や衣装は神楽の道具を流用できるよう計画的に選ばれている。福撒きでも、比較的安価な卵や駄菓子を観客に投げ与えている。2001 年に創設され今のところ行政などから金銭的な援助を得られないがゆえに、可能な限り金銭的負担を軽くする工夫がなされ、そこに生じた「ありあわせ」感、「手作り」感が家中の人々の強卵式への愛着を強化している。同時に、手作り感満載で不安定な強卵式の在り方は、今年は何をしでかしてくれるのかとの期待を煽り、毎年家中外からも観客を呼び込むことに成功している。金銭的余裕のないがゆえの工夫の数々が、かえって地域住民や観客を強く惹き付けたのである。

## 3 強卵式の中止と再開

### 3-1 調査概要

本節では 2021 年 6 月 11 日と同年 12 月 6 日に実施したインタビュー調査から得られたデータを提示する。筆者のこれまでの調査では例大祭が実施される 11 月 23 日に鷲宮神社を訪れ、強卵式の運営主体である宮司や保存会メンバー、山車の周辺に小字単位で集まり例大祭を楽しむ人々に対面でのインタビューを実施してきた。しかし、コロナ禍の続く 2021 年当時においては、COVID-19 拡大防止の観点から対面でのインタビューは控えるべきと判断された。よってこの 2 回の調査では、電話で半構造化インタビュー[8]を行った。調査では、スマートフォンをスピーカー設定にしたうえでインタビュー内容をフィールドノー

---

[8] 予め大まかな質問を用意しつつも、インタビューの展開に応じて質問を付け加える、内容を深掘りしていくなど臨機応変に対応していくインタビュー手法。ある程度の枠組みに従ったデータと当初想定していなかったデータの双方を得られるメリットがある。なお、質問を完全に固定する手法を構造化インタビュー、質問自体を定めない手法を非構造化インタビューと呼ぶ。

トに書き記し、興味深い情報にはその都度掘り下げた質問を加えた。

　2回の調査では鷲宮神社宮司のA氏（仮名）を対象とした。12月6日の調査では、電話に同席したA氏の家族からも情報の補足が得られた。スケジュールの都合が合わず、残念ながら保存会メンバーや小字の氏子総代たちへのインタビューを実施することはできなかった。なお、A氏らにはインタビュー前に本調査の目的を説明し、インタビューデータ公開の承諾を得た。

### 3-2　2020年の強卵式

　まずは2021年6月11日のインタビュー調査で得られたデータを提示する。このインタビューでは2020年11月23日の例大祭及び強卵式について質問し、2020年の強卵式を中止した経緯と今後の展望を中心に質問を展開させた。インタビューデータのうち、そのままでは意味を掴み難い箇所には括弧を用い筆者からの補足を加えた。

---

2021年6月11日実施、電話でのインタビュー調査
インタビュー対象：A氏（インタビュー当時50代）
インタビュー方法：半構造化インタビュー
宮司就任：2001年


質問：2020年の強卵式はどうなりましたか？
回答：去年は強卵式をやっていません。各地区の（氏子）総代だけが拝殿に
　　　上がり、神主が祝詞をやりました。神楽、お囃子、強卵式などの神賑
　　　行事はやっていません。


質問：それにはコロナ禍が関係していますか？
回答：コロナの感染防止のためです。もしクラスターのようなことになって
　　　しまうと色々な方面の人々に迷惑がかかってしまいますので。加えて
　　　（氏子）総代の方々も年配なので、もしコロナにかかると命に関わる大
　　　事になってしまいますから。

このやり取りによれば、2020 年の例大祭は 2019 年以前と大きく異なる形式で実施せざるを得なかったことがわかる。例大祭は午前中の神事と午後の神賑行事に分けられており、カミに向けた神事は実施されたが、ヒトに向けた神賑行事にあたる強卵式や神楽、お囃子は中止されたという。加えて、コロナ禍への対応もうかがうことができる。強卵式の担い手には、宮司や天狗役の保存会メンバー、11 の小字の氏子総代、一部の頂戴人など比較的高齢の者も多い。COVID-19 は高齢者や基礎疾患を持つ者ほど重症化のリスクが高いとされており、高齢の担い手たちの安全を考慮し開催を見合わせたことがわかる。同時に、家中外からも多くの観客を呼び込むからこそ、クラスターの発生が及ぼすであろう多方面への影響が懸念されたことも想像に難くない。

6 月 11 日の時点では、約 5 ヶ月後の 11 月 23 日に強卵式を再開する予定はなかった。このため、今後の研究の焦点はいつ強卵式を再開するかに絞られると推測された。

### 3-3　2021 年の強卵式

しかしながら、2021 年 11 月 23 日に強卵式は実施され、その様子が Twitter 上などで大きな話題を集める——いわゆる、バズる [9]——事態が発生した。2021 年における栃木県下の強飯行事は中止か参列者なし [10] とされており、11 月に強卵式が実施されたことは興味深い事態であった。サイバー空間上の言説は後に詳述することとし、本項では 2021 年 12 月 6 日に再度実施した、宮司 A 氏への再インタビューから得られたデータを提示する。

---

9) SNS などのソーシャルメディア上で爆発的に話題を集めていることを指すネットスラング。がやがやと人々がうわさすることを意味する英語の buzz に「る」を付け日本語化したものと考えられる。主にポジティブなテーマに対して用いられ、ネガティブなテーマが話題になる場合は「炎上」と表現される傾向がある。
10) 例示すると、2021 年 4 月 2 日に予定されていた日光市輪王寺の日光責めは、「新型コロナウイルス感染症拡大防止のため、強飯頂戴人及び参列者なしにて法要のみを行」った［日光山輪王寺 2021］。これは 2020 年に鷲宮神社が行った対応とよく似ている。加えて、2022 年 4 月 2 日の日光責めの際も同様の対応がなされた［日光山輪王寺 2022］。

2021年12月6日実施、電話でのインタビュー調査
インタビュー対象：A氏（インタビュー当時50代、同席した妻からの補足あり）
インタビュー方法：半構造化インタビュー
宮司就任：2001年


質問：11月に強卵式を実施した経緯を教えていただけますか？

回答：今年（2021年）の強卵式は急遽やることが決まりました。元々は今年も神事だけをやる予定でした。NHKから来年（2022年）の大河ドラマ「鎌倉殿の13人」のPR番組を（2022年）1月3日に流すため、鎌倉幕府に縁のあるものを探しており、由緒に関係のある強卵式を撮影できないかというオファーがありました。（2021年）10月半ばに最初のオファーがあり、10月30日に正式に依頼を受けました。そこから撮影をいつにするか考え、11月23日であれば（2020年と同じく）神事のためメンバーが集まっているので、強卵式がやれるだろうという見込みが立ちました。


質問：今年の強卵式の様子を教えてください。

回答：今年の強卵式は10時から始めました。露店と（神楽殿での）神楽はやりませんでしたが、朝から見に来てくれる人はチラホラいました。強卵式はまず通しでやり、その後でNHKの人が「撮り直させてもらえますか？」というところを一部やり直しました。メンバーは氏子総代や自治会長はいつも通りでしたが、急な開催だったので頂戴人に（栃木市の）市長などを呼ぶことはできませんでした。頂戴人は全員地域の方にお願いしました。


質問：2022年の強卵式の予定はお決まりですか？

回答：来年（2022年）のことはまだわかりません。でも、今年強卵式をやったことで、地域の人もまたやりたがるようになりました。コロナの拡がりがよほど酷いことにならなければ、来年からまたやりたいと思っています。

インタビューによると、2021年の強卵式はNHKからのオファーに応え急遽開催されたことがわかる。「鎌倉殿の13人」とは毎年NHKが放映している大河ドラマの第61作にあたり、2022年1月9日から放映が開始された。NHKでは放映に先駆け本作をPRする番組を多数制作しており、1月3日にも数本の番組が放映された。

インタビューで言及された番組は3日の18時5分から18時48分の43分間で放映された「50ボイス 「鎌倉殿の13人」」を指す。この番組は源頼家に関係の深い事柄に携わる人々へのインタビューを主軸としており、番組開始後31分30秒から32分30秒の1分間で、鷲宮神社と源頼家との関連、強卵式の様子、禰宜[11]への個人的なインタビューが放映された。映像には、2019年以前より明らかに少なくなっているものの、強卵の儀を見守る観客も映し出されている。源頼家との関連には先述した北条政子の願掛けがクローズアップされており、御神酒の儀には触れず強卵の儀だけが紹介されていた。次節で触れるサイバー空間上の強卵式に関する言説の多くが、御神酒の儀における熱狂、あるいは御神酒の儀と強卵の儀の対照的な関係に注目することと比べると、このPR番組における強卵式の紹介はやや異質なものとも感じられる。

PR番組では強卵の儀しか紹介されなかったものの、A氏によると強卵式自体は通しで行われたという。しかし、あくまで急遽決まった開催のため、栃木市長や家中外の人々を頂戴人にすることはできず、家中の人々だけで開催したという。コロナ禍という突発的な事情から、強卵式が創設当初の形式へ戻ったと見ることもできる。加えて、テレビ局からのオファーという外的な要因から急遽再開した強卵式ではあったものの、実際に体を動かし儀礼を実施したことが家中の人々を鼓舞し、2022年以降の継続への気概を高めたという。言うなれば、強卵式の文化的持続可能性は、PR番組制作という外的要因に鼓舞されることで維持されたのである。

---

11) 2021年にA氏の息子が就任した。

## 4 サイバー空間における言説

### 4-1 強卵式とサイバー空間における言説の関係

本節ではサイバー空間上の強卵式に関する言説を考察する。強卵式に限らずサイバー空間における情報交換は現代社会に息づく儀礼が直面する事態であり、儀礼の文化的持続可能性の様相を立体的に議論するために不可欠であろう。

すでに筆者は、強卵式が家中以外からも多くの人々を惹き付ける儀礼になった要因として、サイバー空間上の言説を挙げてきた。これまでの研究では、強卵式が創設された 2001 年から 2015 年頃までのサイバー空間上における資料を渉猟し、サイバー空間上で強卵式は「奇祭」の言説空間へ巻き込まれていると結論付けた。例示すると、奇祭研究家として活動する杉岡幸徳が 2000 年代前半から強卵式を奇祭と解釈する著作、インタビューなどを多数発表してきた［杉岡 2005, 2007, 2014］。同氏は栃木県内の他の強飯行事との比較や、御神酒の儀と強卵の儀における飲食物への対照的な扱いを通じ、強卵式とは鯨飲を強いられるが大食は許されない笑いの「奇祭」であると解釈する。杉岡の解釈は、家中内外の人々、中でも強卵式を直接体験してはいない人々にサイバー空間を通して受け入れられてきた[12]とみられる。

当初家中の住民へ禁食規制の伝承を再周知するため創設された強卵式は、日本各地に存在する「奇祭」の 1 つという新たな意味を付与された。奇祭としての意味付けは家中以外の人々にも強卵式への興味関心を抱かせ、彼ら・彼女らを観客として参加させる道筋を拓いた。もっとも、物事がキャッチーな枕詞を得て本来のターゲット層以外にまで浸透する現象は、儀礼や民俗に限らず現代

---

12) 例示すると、栃木市の発行する「広報とちぎ」2012 年 10 月号 15 面に掲載された「とちぎ散歩 第 3 回」では、強卵式が「奇祭」と紹介されていた［栃木市 2012］。この時点ですでに強卵式を奇祭と結び付ける解釈が広まり、行政広報誌にも強卵式の枕詞として用いられたと見られる［酒井 2017：557-559］。あるいは後述する Twitter 上でも、強卵式を奇祭と紹介するボット（bot）の働きを見出すことができる。強卵式を奇祭と解釈する言説の多くは、明確な引用対象を掲げているわけではない。しかし、これらの言説が杉岡の奇祭研究家としての情報発信が活発化した後に発生していることに鑑みると、杉岡の「奇祭」解釈がサイバー空間上の言説に少なからず影響したと推測しても無理はあるまい。

社会で広く生じてきた。強卵式の注目すべき点とは、こうした地域外の言説に対する家中の運営主体の対応にある。例えば A 氏は、強卵式が「奇祭」と解釈されたうえで各種メディアからの取材を受けたり、あるいは「奇祭」を求める観客が地域外からも訪れるようになったことを肯定的に捉えている。加えて、地域内外の人々が強卵式を「楽しんで」くれるのならば、より人々が「楽しめる」強卵式を創り上げようとしている。換言すれば、人々が強卵式を「楽しむ」ことを A 氏自身が「楽しむ」という、フラクタルな入れ子構造が形成されている［酒井 2017：557-559］。

　ただし、鷲宮神社境内での禁食規制は厳守する必要があり、強卵の儀で卵を口にしないという大筋を変えることはできない。このため人々が「楽しむ」演目として御神酒の儀に手が加えられた。御神酒の儀[13] では、天狗の多分にアドリブを含んだ責め口上が年々発展し、酔った頂戴人の見せるおぼつかない足取りなどハプニングの発生も期待されている［酒井 2017：565］。

　　一升瓶のラッパ飲みという派手な動きや、即興性あふれる天狗の責め口上があり、時には予想外のハプニングをも期待されることから、強卵式では御神酒の儀が最も観客を盛り上げる。観客は頂戴人たちの痛飲を目で楽しみ、時には野次を飛ばしながら熱狂の空間を創り上げる（図 2-5）。

　サイバー空間上の言説に注目すると、かつて筆者が調査を行った 2015 年頃までは鷲宮神社で実際に体験した強卵式について言及するものが大部分であった。投稿者自身が体験した強卵式のレポートもあれば、杉岡が発祥と考えられる「奇祭」のフレームに則ったものもあった。形式は文章や動画など様々であり、写真を添付した記事や YouTube、ニコニコ動画などの動画投稿サイトに自分で録画した映像を公開したものもあった。2015 年当時はまだ少なかったが、ウェブ上の番組として制作された動画も散見された。これらの言説の特徴を振り返ると、強卵式そのものあるいは奇祭の鑑賞を明確に目的化し、自身の直接体験した強卵式の様子をサイバー空間上で発信する形態が大部分を占めていた。

---

13) なお、御神酒の儀自体も元々は家中の人々を楽しませるために創設されたものである［酒井 2017：554］。A 氏によると、創設当時の強卵式は強卵の儀が主軸となっていたが、地域の子どもからお年寄りが頭を下げているだけで退屈だと指摘されたことを受けて、御神酒の儀が追加されたという。

**図 2-5　御神酒の儀においてアドリブで観客へ飲酒を引き継がせる天狗**
(2015 年 11 月 23 日、筆者撮影)

端的に表現すると、インターネットの片隅で、フリークスたちによるニッチながらも濃い情報交換がなされていたのである。


## 4-2　不安定な情報へのアクセス

　本章の執筆にあたり、筆者は 2020 年末から 2022 年初頭にかけ再度サイバー空間上の強卵式に関連する言説の蒐集を試みた。当初はたった数年で大きな変化は生じないだろうと予測していたが、実際には看過すべからざる変化が見出された。

　まず、サイバー空間上の記事や動画のうち、かつて [14] 参照したもののいくつかが閲覧できなくなっていた [15]。閲覧できなくなった理由としては、投稿者本人による削除、投稿媒体の運営による削除や媒体自体の閉鎖、検索エンジンの表示結果順位の下降（あるいは非表示）が大きな要因であると想定される。最初の 2 つは記事自体がサイバー空間から消失してしまった場合を指す。特にブログ作成サービスや動画投稿サイトを利用する場合には、投稿者本人がデジタ

---

14) 具体的には、2016 年 8 月下旬まで公開が確認できたものを指す。
15) 例を挙げると、先述した「とちぎ散歩 第 3 回」は過去の URL では掲載期間終了に伴って閲覧できなくなり、新たな URL で公開されている。加えて、A 氏が運営している鷲宮神社のウェブサイトとブログも 2018 年 5 月にリニューアルされており、以前の投稿内容は閲覧できなくなっている。他にも、YouTube に投稿されていた 2015 年の強卵式の録画映像も閲覧できなくなっていた。この動画が閲覧できなくなった理由は不明である。

ルデータの保管を望んでいても、運営者の権限でそのデータを非公開にされる（あるいは削除される）という、一種の権力性やヘゲモニーが生じることもある。時間や場所を問わず公開、閲覧できるデジタルデータでの情報発信は高い利便性を有するが、その生殺与奪の権はあくまで運営者にある。

　加えて、仮にデータ自体がサイバー空間に存在していても、検索サイトの検索結果の上位に表示されない（あるいは検索結果自体に表示されなくなる）事態も生じている。この場合は、URLを記録しておけば情報自体にアクセスすることは可能である。しかし、検索サイトを利用し、初めて検索対象に関連する情報を探そうとする人々の目に止まることは難しいだろう。

　一般的に、「サイバー空間上（特にインターネット）に公開された情報は半永久的に残り続ける」というインターネットミーム [16] は支持されており、日本でもライフログ、デジタルタトゥーといった言葉が広く使われている。しかし、本当にサイバー空間上の情報は半永久的に残り続けるのだろうか。確かに我々がサイバー空間上で頻繁に目にする情報は、様々な人々の手で保存と拡散が繰り返し行われてきたものであり、大元の情報発信源が当該情報を削除したとしても、サイバー空間上から情報そのものが消えることはない。だが、こうした永続性は人々に注目された情報——バズる、炎上するなど注目のされ方は様々だが——に限るのではなかろうか。つまり、強卵式など、（少なくとも現時点では）一部の人々だけが注目する情報は人知れず消滅し続けてきたが、我々の多くはそうした消え行く大量の情報に気付かないまま、何らかの注目を浴び保存される側に属した情報だけに目を向けていないだろうか。

　自身の預かり知らぬうちに提示される情報が取捨選択され、特定の情報だけが見える、特定の情報が見え難くなる、それによって偏った情報収集が行われることは、フィルターバブル [17] やバンドワゴン効果 [18] の研究群が示してきた通りである。こうした先行研究に加え、そもそもサイバー空間上に存在する

---

16）「ミーム」とは模倣によって人から人へ伝達されていく文化情報を指し、文化の遺伝子とも訳される。インターネットミームは、ミームがインターネットの即時性、動画や音楽を含む各種デジタルデータの利用しやすさ、あるいはインターネット文化やサブカルチャーと結び付いたものを指す。インターネットミームは、ネタ性を帯びつつ、地理的隔たりや国民国家の枠組みを越え迅速に拡散していく傾向がある。

（あるいはアクセスできる）情報自体が、すでに一種の選別を経たものと考えるべきであろう。

　これら情報保存の不安定性に鑑みると、サイバー空間上にデータが存在することが、そのまま儀礼や民俗の文化的持続可能性を担保するとは言い切れない。むしろ情報の洪水の中で強卵式や他の儀礼がどのように居場所を見つけ得るか、その再帰的な言説生成過程にこそサイバー空間と文化的持続可能性の結節点が見出せよう。

### 4-3　Twitter での調査概要

　続いて、現在目にすることができる言説そのものにも変化が見られる。本章では主に Twitter における投稿に着目する。数あるサイバー空間上の言説から Twitter の投稿に着目する理由は以下の通りである。第一に、2008 年 4 月から日本でも利用可能になった Twitter は、TikTok など近年開設された SNS よりも多種多様な人間が利用していると考えられる。第二に、Twitter は匿名でも本名でも利用できるため、匿名性を利用して率直な発言をする者や、後述するボットなど物理的には存在さえしていない者の発言を考察することが可能になる。第三に、Twitter の「いいね」や「リツイート」機能によって、一部の発言は引用元や参考にした情報源を明らかにすることができる。これら 3 つの特徴をまとめると、Twitter は非実在の主体をも含む多様な人々が時に引用関係を明らかにしながら情報発信をしている媒体、と表現することができるだろう。加えて、Twitter のツイートは後から編集することができなかった[19]ため、誤った情報を含むつぶやきも（削除や非公開にされない限りは）投稿され

---

17)　インターネット上の各種サービスにおいて、アルゴリズムが利用者個人の検索履歴やクリック履歴を分析し学習することで（利用者が興味を抱くと考えられる）一部の情報を優先的に表示し、利用者が無自覚のまま一部の情報や価値観の中に孤立してしまう問題を指す［パリサー 2012］。

18)　ある選択肢が多くの人に選択されている現象自体が、さらにその選択肢を選ぶ者を増加させる効果を指す［Leibenstein 1950］。平易に表現すると、人気のあること自体がさらに人気を集める効果である。

19)　2022 年 4 月 16 日時点。2023 年 1 月 11 日にサービスが開始された Twitter Blue 利用者は 30 分以内、5 回まで編集が可能になった。

た内容がそのまま残される。これはブログなど修正が容易な媒体とは異なる特徴であろう。

　もちろん Twitter をすべてのインターネットユーザーが利用しているわけではなく、また Twitter 自体にも非公開機能があるため、Twitter における言説をサイバー空間における言説の総体と解釈することはできない。しかし、サイバー空間上の言説では読み取り難い引用関係を明らかにしつつ、匿名／非匿名の様々な主体が発する情報を考察する題材として、Twitter 上の言説は有用であると考えられる。これらを踏まえ、得られたデータはあくまでサイバー空間上の言説の一端であることに留意しつつ、Twitter 上の言説分析を行う。

　分析の手順を示すと、まず筆者は Twitter で新規アカウントを取得し、「強卵式」をキーワードに投稿の検索を行った。その後「最新」タブを開き、投稿日の新しいものから順に並んだ書き込みを分析対象とした。表示された投稿の一部には、他のアカウントからのいいねやリツイートが寄せられており、閲覧や引用関係が明らかになる。引用するつぶやきには誤字と思われる箇所も存在するが、そのまま引用した。なお、書籍では表示の難しい顔文字、絵文字、スペースなどは、筆者が投稿の内容を変えない範囲で削除した。

　本章では 2015 年に調査したそれまでの言説と区別する意味で、2016 年 1 月 1 日から 2022 年 2 月 28 日までのつぶやきを分析対象とする（2022 年 3 月 4 日最終確認）。つぶやきの数をまとめると以下の通りとなった（表 2-1）。繰り返すが、Twitter にも非公開機能があるうえに、つぶやきがすでに削除されている、運営からツイートの非表示、もしくはそれに準ずる扱いを受けている、さらには実質的に強卵式についてつぶやいていても「強卵式」の語が含まれないなどの場合も想定されるため、あくまで本章に挙げたデータは Twitter 上の強卵式に関するつぶやきの一部である[20]。

　つぶやきの件数自体を分析することはできないが、Twitter 上では 2016 年 1 月以降もある程度定期的に強卵式に関するつぶやきがなされてきたと見られる。

---

20）これらの他に、「強卵式」の語が使用されていても Twitter の不具合が原因で検索結果に表示されていないつぶやきが存在する可能性もある。また、ハッシュタグ利用の有無に応じてつぶやきの閲覧数に違いが生じると予想されるが、本章では考慮しないこととする。

表 2-1　Twitter 上の「強卵式」を含むツイートの投稿件数（2016 年 1 月〜 2022 年 2 月）（筆者作成）

| | 1月 | 2月 | 3月 | 4月 | 5月 | 6月 | 7月 | 8月 | 9月 | 10月 | 11月 | 12月 | 合計（件） |
|---|---|---|---|---|---|---|---|---|---|---|---|---|---|
| 2016 年 | 7 | 6 | 5 | 6 | 8 | 7 | 4 | 5 | 6 | 6 | 14 | 6 | 80 |
| 2017 年 | 6 | 10 | 5 | 5 | 4 | 6 | 5 | 3 | 7 | 9 | 6 | 5 | 71 |
| 2018 年 | 3 | 5 | 8 | 4 | 7 | 5 | 7 | 8 | 6 | 8 | 8 | 7 | 77 |
| 2019 年 | 9 | 4 | 11 | 6 | 7 | 6 | 11 | 5 | 2 | 3 | 8 | 7 | 77 |
| 2020 年 | 5 | 5 | 7 | 3 | 4 | 4 | 4 | 5 | 2 | 6 | 1 | 2 | 48 |
| 2021 年 | 2 | 0 | 2 | 3 | 1 | 3 | 2 | 4 | 3 | 1 | 90 | 6 | 117 |
| 2022 年 | 8 | 3 | | | | | | | | | | | 11 |

当初筆者は、強卵式が行われる毎年 11 月 23 日前後につぶやきが集中すると推測していた。しかし実際に調査してみると、2019 年や 2021 年のようにそうした傾向が現れる年もある一方で、つぶやきの数が他の時期と変わらない年もあった。

### 4-4　「主体」として働きかけるボット

　筆者の関心を強く引いたものは Twitter におけるボットの働きである。本章におけるボットとは、人間がリアルタイムにつぶやくのではなく、API ベースで自動化され予め設定した投稿内容を定期的に投稿するアカウントを指す[21]。

　強卵式に関するつぶやき[22] の多くは、「奇祭ファン倶楽部（KFC）（@clubkisai[23]）」、「おいでよ栃木（県）（@oideyo_TochigiP）」「Tweety のちょっといいお小遣い稼ぎと集客のお話（@tweety708）」から発信されているため、

21) Twitter は様々な理由から投稿を自動化するアカウントが存在することを考慮し、ボットを「自動化されたアカウントのことであり、それ以上でも、それ以下でもない」と定義している［Twitter Japan 2020b］。Twitter 開発者に対しては、プロフィールの自己紹介でアカウントがボットであると明示するなど、API ベースのボットアカウントを運用する場合、何のアカウントなのか、アカウントの責任者は誰なのかを明示し、大量投稿やスパム行為など規約で禁止している行為を行わない限りは、ボットによる Twitter 利用を認めるとしている［Twitter Japan 2020a］。現実的には、すべてのボットアカウントがその都度自作されているのではなく、各種ボットサービスを利用して立ち上げられたアカウントも数多く存在していた。
22) なお、初めてなされた「強卵式」が含まれるつぶやきは 2010 年 6 月 7 日の「ひめくりたまちゃん（@himekuri_tama）」によるものである。

この 3 アカウントの活動に焦点を当ててみたい。

　まず、「奇祭ファン倶楽部（KFC）」は 2009 年 11 月という日本版 Twitter の開設初期から活動しており、日本各地の奇祭をユーモラスな写真とともに紹介してきた。奇祭に関するつぶやきの多くは twittbot [24] で自動化されている。強卵式に関しては確認できる限りで 2 種類の投稿が設定されており、以下に示す 2 種のつぶやきでは、それぞれに対し異なる写真 4 枚が添付されている。

　【栃木・強卵式】〈11 月 23 日〉鷲宮神社の祭神の御使いである鶏を敬い、参拝する際には鶏肉や卵を断つという故事に因んだ神事。頂戴人に天狗が無理矢理酒を勧め、卵を食べろと強要するが、頂戴人はそれを神に供えると言って固辞する。
（2014 年 9 月 27 日午前 3:52 より不定期に投稿）

　【栃木・強卵式】〈11 月 23 日〉幼少の源頼家が百日咳を患った際に母の北条雅子（原文ママ）が鶏肉と卵を断って鷲宮に祈願したところ、治癒したという言い伝えから、平成 13 年より行われている。山盛りの生卵を食べずに神へ備え、天狗の感心を得る。
（2014 年 9 月 27 日午前 3:53 より不定期に投稿）

　「奇祭ファン倶楽部（KFC）」のつぶやきには強卵式に限らず多くのいいねとリツイートが寄せられており、Twitter 内外で強卵式含む奇祭全般の情報発信に果たした役割は大きいだろう。

---

23）@ 以降は各アカウントのスクリーンネーム。プロフィールや他アカウントへリプライする際などに表示される。アカウントのユーザーによってある程度自由に変更することができる。一方、各アカウントには変更できない固有の番号が ID として割り振られている。本章ではプライバシーに配慮し、ID ではなくスクリーンネームを本文中に挙げる。

24）Twitter で機能するボットを提供するサービスの一種。設定した内容を自動でツイートする以外にも、投稿に寄せられたリプライへ返答させる、他者の投稿の特定キーワードを検索して反応させるといったことも自動化できる。本章で紹介した 3 つのボットは twittbot を利用しツイートを自動化している。

「おいでよ栃木（県）」はそのアカウント名通り栃木県の魅力的なコンテンツ全般を発信するボットであり、儀礼や奇祭に限った情報発信をするものではない。プロフィールに「@oideyoTochigiP さんによる自動アカウント」と表示されていることからもうかがえる通り、Twitter の規約に違反しない範囲で自動化したアカウントであり、twittbot を利用し自動で投稿を続けてきた（2022 年4 月 16 日確認）。2016 年 10 月から活動を開始し、強卵式について以下のようにつぶやいてきた。

> 鶏肉と卵を断って、栃木においでよ。お西様として親しまれている鷲宮神社の境内には、いたるところに鶏がデザインされているよ。11 月 23 日の例大祭には強卵式が執り行われるよ
> （2017 年 1 月 4 日午後 6:02 より不定期に投稿、初回投稿のみ写真 3 枚が添付されていたが、2 回目以降の投稿からは写真が削除されている）

「おいでよ栃木（県）」のつぶやきも複数のいいねやリツイートを得ており、奇祭とは別の枠組みである「栃木県の魅力的なコンテンツ」の 1 つとして強卵式を扱うボットといえよう。実際に、2021 年 8 月 21 日午前 10 時 8 分の投稿に対しては、多くのリツイートが寄せられるとともに、このボットの投稿から強卵式を知ったというつぶやきもなされている[25]。ボットという非人間の主体でありながら、我々人間の活動に確かな影響を与えていることが見受けられるのである。
　これらと少し違った毛色のボットとして、「Tweety のちょっといいお小遣い稼ぎと集客のお話」が挙げられる。このボットも投稿を twittbot で自動化しており、強卵式について以下のようにつぶやいてきた。

> 栃木県都賀町の鷲宮神社では例大祭で「強卵式」という「天狗が卵を食え

---

[25] このツイートへいいねとリツイートを寄せた「佐藤 明機（@Akitoki_Sato）」は、2021年 8 月 21 日午前 10 時 26 分に「初めて知った言葉である「強卵式」を検索せざるを得ない（＞＜　強飯式に似た何かあろうというのは字からわかるけれども内容はやはり興味深い・・・＞RT」（原文ママ）と投稿している。加えて「佐藤 明機」は、後述する強卵式がバズった直後の 2021 年 11 月 24 日にも強卵式についてつぶやいている。

と無理強いするのだが、きっぱりと NO！と言う行事」が行われる。

（2014 年 3 月 19 日午前 8:14 より不定期に投稿）

　このボットの特徴は投稿頻度の高さであり、上記強卵式に関するつぶやきも月に数回から十数回程度なされてきた。なお、2020 年 9 月 16 日の他アカウントのつぶやきに対するリツイート以降、このボットは活動を停止している（2022 年 3 月 4 日最終確認）。このボットは強卵式そのものに注目しているのではなく、多種多様な事柄に関する情報をつぶやき、多くの人々に自身を宣伝するものである。これまで見てきたサイバー空間上の発言者やボットたちが多少なりとも強卵式あるいはこれに関するテーマに興味を持っていたのに対して、あくまでこのボットは集客上の工夫の 1 つとして強卵式に関するつぶやきを行っている。活動はしているが主体性を持たない存在という意味では、「奇祭ファン倶楽部（KFC）」や「おいでよ栃木（県）」とも異なる存在感を放つ。一方、このボットのつぶやきも時にいいねを得ており、目的すら持たず拡散された情報にも我々に何かしら訴えかけるものがあると解釈できよう。

## 4-5　誤情報の拡散と訂正
　続いて、投稿の内容に目を向けると、近年の強卵式に関するつぶやきには、しばしば共通した誤情報を見出すことができる。端的に表現すると、家中の鷲宮神社を埼玉県久喜市の鷲宮神社と混同する投稿が多い。例として、2021 年 4 月 3 日に「おかゆ（@okayumainichi）」と「Ennju（@ENJU15009148、アカウント名から一部の記号を筆者が削除した）」の間でなされたやり取りを引用する。

おかゆ @okayumainichi
本年度も卵を山盛りにしてセロテープで固定しまくって神棚に飾り、お寺さんが来て皆で「ほんにゃ～ほんにゃ～」と言う時期がきました！

Ennju@ENJU15009148
返信先：@okayumainichi さん
天狗に責められる系の神社ですか？？

おかゆ @okayumainichi·
返信先：@ENJU15009148 さん
天狗と卵って何か関係あるんですか（｡ﾟДﾟ;）調べたんですが、天狗うずら
卵っていうものに行き着いただけでした

Ennju@ENJU15009148
ぁ……らき☆すたの神社なのかと思ったものですから　勘違いみたいです

おかゆ @okayumainichi
めっちゃ笑いました（笑）そんなのあるんですね。知らずにツイートして
ました　ちょっと確認してみます

Ennju@ENJU15009148
ググったら「強卵式」で出てきました　天狗に「食べろ」と責められても
絶対に食べたらダメなんですよねｗ
（以下略、一連のやり取りに添付された写真と一部の記号などは筆者が文
意を変えない範囲で削除した）

　一連のやり取りを見ると、「おかゆ」の山盛りの卵の写真を伴うつぶやきに
対して、「Ennju」は「らき☆すたと強卵式で有名な鷲宮神社」を想像したと考
えられる。では、「らき☆すた」（以下、「らきすた」と表記）とは一体何だろう
か。筆者はこれまでの研究で「らきすたで有名な鷲宮神社」についても言及し
たことがある［酒井 2017：560-562］。これは埼玉県久喜市鷲宮に存在する神
社を指す。天穂日命、武夷鳥命、大己貴命の三柱を祭神とする関東一円の鷲宮
神社の本社であり、家中の鷲宮神社と同じく鳥や鷲を重要視している。一般的
に、久喜市の鷲宮神社は祭神や信仰上の特徴よりも、ポップカルチャーの文脈
で人々に知られており、その鍵となる作品が「らきすた」である。「らきすた」
は美水かがみが雑誌『コンプティーク』上で2004年1月号から連載している漫
画作品（2022年11月より別雑誌で連載中）であり、2007年4月から9月にか

けてテレビアニメ番組も放映された。特に 2007 年頃からは、聖地巡礼 [26] の対象として同作品のファンたちが久喜市鷲宮周辺を定期的に訪れるようになっており、住民側も「らきすた」を一時のブームで終わらせず、様々な形で地域や商店街の営みの中に取り入れてきた [27]。久喜市の鷲宮神社は登場人物の柊かがみ・柊つかさの 2 名の実家のモデルとされており、著名な聖地巡礼スポットとして人気を博してきた。

　以上のように、一般的に「鷲宮神社」は埼玉県久喜市のものが著名であり、家中の鷲宮神社や強卵式は知らないが、久喜市の鷲宮神社は知っているという人々は多い。筆者がサイバー空間上の言説を調査した 2015 年頃までは、そもそも強卵式について明確に知っている人々しか強卵式や家中の鷲宮神社について発言しなかったため、2 つの鷲宮神社は弁別されてきた。しかし、様々な主体が強卵式に関する情報発信を行い、加えて「らきすた」も 10 年以上前のテレビアニメとなった 2022 年現在では、「鷲宮神社」という単語がアニメの「らきすた」とおぼろげに結び付けられ、結果的に「「らきすた」で有名な鷲宮神社で強卵式が行われている」というような言説が形成されつつある。

　同様の事柄は Twitter 以外のサイバー空間上の言説にも見出される。例えば「たまごのソムリエ　小林ゴールドエッグ」と題されるウェブサイトで 2015 年 11 月 23 日に公開された記事では、強卵式が以下のように紹介されている [小林ゴールドエッグ 2015]。

　　こんにちは！たまごのソムリエ・こばやしです。
　　鍋に焼き芋、ダイエットの敵、美味料理の多い時期でもありますよねー＾＾
　　さて、山盛りのたまごを目の前に置かれ、「卵を食べつくせ！」と責められ

---

26) 作品の舞台となった実在の場所を訪れる行為全般を宗教における聖地巡礼になぞらえるインターネットミームを指す。

27) Twitter でも、2020 年 6 月 29 日の「久喜市商工会鷲宮支所（旧鷲宮商工会）（@wasisho）」による投稿で、コロナ禍対策としてマスクを着用した着ぐるみ「かがみん」の写真を添付したつぶやきが投稿されている。かがみんは柊かがみに酷似したゆるキャラだが、柊かがみとの関係は明言されていない。なお、「かがみん」は「らきすた」の登場人物の柊かがみの愛称でもあるため、ゆるキャラを指すか柊かがみ本人を指すかは文脈から判断する必要がある。

　る、そしてそれをガマンする。
　そんな儀式を毎年行っている神社があります。
　<u>埼玉県にある鷲宮神社と言いまして、</u>
　<u>最近は「らき☆すた」という人気アニメに登場し、若い人のあいだでも良</u>
　<u>く知られた神社となっているようです。</u>
　<u>この儀式は「強卵式（ごうらんしき）」と言います。</u>
　（以下略、下線は筆者による、2022年12月25日時点でも修正されていない）

　こうした埼玉県久喜市の鷲宮神社と家中の鷲宮神社を混同する言説は、2010
年代後半から2020年代初頭にかけてのサイバー空間上で頻繁に見られるよう
になった。では、今後のサイバー空間上における強卵式関連の言説においては
誤情報が拡散され続けていくのだろうか。

## 4-6　2021年強卵式への反応

　表2-1を振り返ると、2021年11月中の強卵式に関するつぶやきは群を抜
いて多いことがわかる。これはTwitter上で強卵式に関連したつぶやきが急
増する出来事が生じたことに起因している。本項では2021年11月23日以降、
Twitterを含むサイバー空間上で起こったバズりを追う。
　先述した通り、2021年の強卵式は急遽開催され、参加者は地域住民だけ、観
客は2019年以前より明らかに少ないものであった。しかし、Twitterでのあ
るつぶやきが着火剤となり、強卵式は大いにバズったと見られる。発端となっ
たのは以下の「大魔王：影市マオ（@daimaohgun、以下、影市マオと表記）」
から投稿されたツイートである。

　　天狗が「山盛りの卵を全部食べろ」と人々に強要→全員が「無理です」と
　　断るという、奇妙な神事を見学してきた
　　（2021年11月23日午後10:48投稿、添付された写真と一部の絵文字を筆
　　者が削除）

「影市マオ」はTwitter外でも超自然現象をテーマとしたウェブブログを運

営しており、雑誌『ムー』などへの寄稿やテレビ番組への動画提供を行ってきた。「影市マオ」のツイートには多くのリプライやいいね、リツイートが寄せられ、11月25日には「Jタウンネット編集部（@jtown_net）」が許諾を得て記事にするなど、Twitter内に留まらずサイバー空間上で強卵式に関する情報交換が大きく盛り上がった。さらにニュースサイトから強卵式を知った人々が新たなつぶやきをなし、11月末から12月冒頭にかけ強卵式は多くの人の目に触れたようだ。発端となった「影市マオ」のツイートが強卵式自体に注目したものであったこと、その後のニュースサイトの記事も家中の鷲宮神社や強卵式を丁寧に描写したものであったことが影響したのか、この一連のバズりにおいて強卵式の情報はある程度家中の運営の意図通りに拡散された[28]と見られる。外的要因から急遽開催された強卵式は、地域住民の伝統継承への気概を鼓舞するだけではなく、観客としての参加すらしていない人々にも強卵式の理念を周知したのである[29]。

　サイバー空間における強卵式言説は、Twitterを発端に図らずもバズることで多くの耳目を集めた。加えて、この際強卵式は卵と鶏肉の禁食を中心に描写されており、従来の奇祭や鯨飲大食、天狗の振る舞いに着目する言説とは異なり、強卵式の理念そのものを広くサイバー空間に広めたと考えられる。

　Twitter以外の媒体にも言及すると、ニュースサイト「ねとらぼ」で「影市マオ」の投稿を紹介した記事に対し、はてなブックマーク[30]のユーザーから合計63件の反応が書き込まれている［ねとなび2021］。このうち4番目には以下の

---

28）「奇祭」や「栃木県の魅力的なコンテンツ」の1つとしてではなく、卵と鶏肉の禁食という強卵式自体の理念が情報として拡散されたことを意味している。

29）補足となるが、家中の鷲宮神社も「下野國 鷲宮神社【公式】（@washinomiya_88）」として2020年6月18日からTwitterを利用している。当初は宮司が運営していたようだが、2021年9月1日からは禰宜となった息子による書き込みも見られる。2021年強卵式のバズりや2022年1月のPR番組に関連する記事も積極的にリツイートし、強卵式含む鷲宮神社の広報に尽力している。

30）株式会社はてなが2005年から運営しているソーシャルブックマークサービスの1つ。ユーザーは、「あとで読みたいコンテンツ」を非公開で保存できる他に、コメントやタグを付け、はてなブックマーク上に公開する、あるいは各種SNSでシェアすることができる。本章でははてなブックマーク上で公開された2021年強卵式について、様々なユーザーから寄せられたコメントを引用した。

ような書き込みがなされており、先述した例と同じく、鷲宮神社を久喜市のも
のと関連付けて考えている。

　4 ： hatebu_ai@hatena2021/11/25 02:05
　かがみん関係ある？

　記事への反応の中には、ユーザー同士で情報交換をするものも散見される。
続く5番目の書き込みでは、次のように4番目の書き込みに対する情報の訂正
と補足が行われている。

　5 ： ttttttttt3101@hatena2021/11/25 02:08
　これは栃木の方の鷲宮神社やね らきすたは埼玉の方

　Twitterにおける「おかゆ」と「Ennju」のやり取りやはてなブックマークの
例に鑑みると、各種サイバー空間上の媒体の利用者たちは他の利用者と対等な
立場で言説空間に参加し、情報の発信・共有・修正を行っている。サイバー空
間上の情報共有と修正については、エリック・レイモンドの仕事がある［レイ
モンド 1999］。レイモンドはオープンソースウェア開発におけるメリットとし
て、多数の開発者の議論から生じる問題点の洗い出しと修正、無駄の排除を挙
げる。Twitterに関する研究でも、流言や流言に対する訂正情報は多くの研究
者から注目されており、主に統計分析を伴う量的調査からTwitter上のつぶや
きの特徴の解明が試みられてきた[31]。
　民俗学の見地に戻ると、集団の成員によって情報の共有と修正がなされる
言説空間は日本各地のムラ社会や地域コミュニティの中に存在していた。しか

---

31) コロナ禍中の流言と流言訂正情報に対しては、従来のデマ研究とは異なる結果が導か
　　れたものもある。平林真衣らによると、COVID-19に関する流言の流布量は、個人に
　　対する経済状況への影響が高いであろうものほど低くなっており、従来のオルポー
　　ト・ポストマン定式とは部分的に異なる様相を見せると結論付けられている［平林
　　ほか 2022］。ここで挙げられているオルポート・ポストマン定式を端的にまとめると、
　　個人に関わりが深く真偽の曖昧な流言ほど流布量が大きくなることを指す［オルポー
　　ト＆ポストマン 2008］。

し、核家族化や生活様式の個人化が進んだ現代社会においては、従来のコミュニティが失われつつある。一方、通信技術の発達に応じて、サイバー空間が新たな言説、あるいは口承伝承生成の場として機能し始めている。加えて、かつてのムラ社会に見られた年齢や社会的地位に依存する垂直的な関係ではなく、Twitter 上では参加者全員が水平的な関係の中で情報をやり取りしている。このことが SNS に代表されるサイバー空間上の言説空間の特徴であると指摘できよう[32]。この特徴は、ある程度の地縁血縁的な紐帯を必要とする従来のコミュニティと併存しつつも、コミュニティあるいはコミュニケーションの在り方を再構築する現代文化の在り方の 1 つと受け止めるべきである。

## 5 結　論

### 5-1　強卵式継続への気概の再構築

　ここまでの議論をまとめると、強卵式は他の強飯行事や日本各地の儀礼と同じく、コロナ禍の影響で 2020 年には一旦中止せざるを得なかった。しかし、NHK の大河ドラマ PR 番組作成という外的要因から、他の栃木県下の強飯行事に先駆け、2021 年に急遽再開された。2021 年の強卵式は短い準備期間で開催せざるを得なかったため、2019 年までの外部に開かれつつあった強卵式とは少し異なり、家中の住民だけで開催する創設当初の強卵式の在り方に近いものとなった。同時に、開催の背景が外的要因であったとしても、儀礼を実施すること自体が地域住民たちの強卵式へのモチベーションを鼓舞し、2022 年以降も強卵式を続けていきたいという気概を醸成した。この点に鑑みると、情報技術が高度に発達した現代社会においても、身体的経験が儀礼に対する動機付けに強い役割を果たしていると指摘できる。

### 5-2　サイバー空間上の言説の変化

　強卵式の発展に寄与してきたサイバー空間上の言説にも、少なからず変化が見られる。かつて筆者が調査を実施した 2010 年代半ばまでは、「強卵式」ある

---

32）こうした参加者間の水平的関係はレイモンドの議論でも前提とされている。

いは「奇祭」をキーワードに強卵式に関する言説空間が形成されていた。加えて、情報発信主体なりの解釈が入り込むものの、強卵式そのものはある程度正確に捉えられている傾向が見られた。

　本章における調査の結果、こうしたサイバー空間上の情報のうち、一部のものはいつの間にか目にすることができなくなっていることがわかった。一般的にデジタルデータの永続性を信じる趣は強いが、デジタルデータ自体の儚さ、あるいはサイバー空間における権力やヘゲモニーも考え入れると、今後我々はデジタルデータによる記録の非永続性・不安定性も考慮しなければならないのではなかろうか。

　また、サイバー空間における言説の内容も変化を見せ始めている。Twitterのつぶやきを中心に行った分析では、埼玉県の鷲宮神社との混同に代表される誤情報の拡散が見出された。そもそも埼玉県久喜市の鷲宮神社と家中の鷲宮神社を混同すること自体が、かつて強卵式に興味関心を抱いていたフリークスたちの発言からは起こり難い。サイバー空間自体の特徴であるとも考えられるが、自分の目の前に流れてきた情報を厳密には検証せず、自分の知る情報と結び付け再拡散する情報発信が増えつつある。

　誤った情報が再拡散され続ける一方で、2021年の強卵式がバズった際には、「らきすた」の誤情報を訂正しようとする人々の働きも見られた。このことに鑑みると、全世界に公開される形での情報発信は、修正と整形、最適化を経て共有されており、サイバー空間が地縁血縁に基づく垂直的な紐帯に代わり、全参加者の水平的な関係に支えられた言説形成の場として利用されていることがうかがえよう。

　加えて、サイバー空間上での情報交換は「主体」に対する問いをも我々に投げかける。ボットに関する議論で示した通り、引用関係が明確なものに限っても、非人間の存在が明確な主体として実在する人間に働きかけたことは明白である。2010年代半ば頃までの強卵式に関する言説空間は、強卵式や奇祭に対し興味を抱く人でなければあまり触れる機会のないニッチなものであった。しかし、ボットのように対象を限定せず広範かつ定期的な情報発信を行う主体が活動することで、奇祭や儀礼、民間信仰などに興味を抱いていない人にも強卵式に関する情報に触れさせることがある。強卵式の場合は、偶然にもテレビアニメで有

名になった同名の鷲宮神社が存在したため、オタク文化やポップカルチャーに
興味を抱く人々の吸収に成功した側面もあるだろう。こうした人々は「「らきす
た」の鷲宮神社で強卵式が行われている」と捉えがちではあるものの、そうし
た考えをバズった場でつぶやくことによって、強卵式について知る人々からの
リプライが得られ、逆説的に家中の強卵式を深く知ることへ繋がっていく。

## 5-3　地域とサイバー空間の入れ子構造

　ここまでの議論をまとめると、今後の儀礼（あるいは民俗全般）と人々との
関わりは、サイバー空間上の非実在の主体（アクター）をも含めた複雑多様な
入れ子構造の中で構築されていくとまとめられる。現代社会における文化とは、
地域だけに限らない様々な場での情報の交換から多様な言説が形成され、その
言説が再度文化の現出する地域に還元されることで起こる反応を踏まえ、最終
的な結果に至ると言えよう。

　こうした入れ子状の文化構造が生じる現代社会において、強卵式は文化的持
続可能性の在り処の１つを明らかにしたと表現できる。A 氏ら強卵式の運営
主体たちは、強卵式がサイバー空間上で人々に「楽しんで」言及される限りは、
様々な解釈がなされることを含め好意的に捉えている。サイバー空間上で強卵
式を話題にする人々が徐々に増えている理由も、そうすることが「楽しい」か
らにほかならない。ボットによる無差別な情報発信も、それを「楽しんで」受
け取る人々のもとに届いたことで、興味関心を掻き立てた例が多い。つまり強
卵式の魅力とは、強卵式を「楽しもう」とする創造性そのものであり、強卵式
を「楽しもう」とする人々が存在する限りは、仮に儀礼の式次第やパフォーマ
ンスが変化しても持続性を見出すことができる[33]のではなかろうか。2022 年
以降の強卵式に対してどのような言説空間が展開されていくのか[34]、また、そ
の言説空間に対し人々はどのように反応していくのか、コロナ禍への対応と合

---

33)　仮に強卵式が変化しても、儀礼創設の理念に照らし合わせ、「卵や鶏肉を口にしない」
　　点は厳守されるだろう。一方、煽り口上の内容自体は変わっても「アドリブで人々を
　　楽しませる」点は毎年継承されており、現時点ですでに「楽しむこと」や「必ずアド
　　リブをすること」が強卵式の伝統と化しているとも解釈できる。
34)　2022 年 11 月 23 日の強卵式は開催されたが、これに関する議論は別の機会に譲る。

わせ引き続き注視していく必要があろう。

## 5-4　日本から問い直す文化的持続可能性

　より抽象的な文化的持続可能性の議論に接続すると、先行研究では文化的持続可能性のいくつかの類型が提示されてきた。しかし、本章での議論に鑑みると、強卵式の文化的持続可能性の在り方を先行研究の示す類型へ完全に重ね合わせることは難しい。あえて当てはめるならば、COST プロジェクト報告書における Culture as sustainable development［Dessein et al. 2015］（☞序章 16頁）、あるいは関連研究の 7 つのタイプ［Soini & Birkeland 2014］における Ⅱ型（cultural vitality）と Ⅶ型（locality）（☞序章 17–18 頁）の複合と表現されるが、社会的・文化的背景の違いは看過できない。

　むしろ筆者は、欧米における先行研究の枠組みと日本の強卵式の食い違いにこそ意義を見出すべきと提唱する。各地域の文化に差異が存在することは疑いようもないが、過度な事例の相対化は一般化や比較への可能性を閉ざす事態に繋がりかねない。むしろ、日本語における「鑑」の概念に従い、他地域の文化との比較研究を試みてはどうだろうか。特定の事例を絶対化してその鏡像を追い求めるのではなく、文化を研究するフィルターの 1 つとして日本の文化事例を用いるのである。日本文化を一種の「鑑＝フィルター」としながら他文化との比較を行うことで、各文化の持つ共通点や差異が明確になるのではなかろうか。同様のことは、他文化を鑑に日本文化を研究する場合にも生じるであろう。

　日本民俗学はその初期段階から、各国単位での民俗学的研究を推し進めた後で、国同士での比較からさらなる知見を見出そうとする世界民俗学を志向していた。もっとも、この世界民俗学が実現されなかったことは周知の通りである。加えて、近年のグローバル化・グローカル化の進展が、「国」や「国民国家」を自明のものとはできない社会状況を生み出し、かつての世界民俗学の枠組みは実情にそぐわなくなっている。こうした現況に対して、多くの文化を鑑としつつ多様な文化を比較研究すること、これはかつて初期民俗学が目指した世界民俗学の発展継承的な枠組みであるとともに、文化的持続可能性の議論そのものでもある。交通・通信・情報に関するテクノロジーが高度に発達した現代社会において、こうした汎世界規模での比較研究の実現性は日々高まりつつある。

その冒険の口火を切るのが東洋の島国に過ぎない日本からというのも、なかなかに趣深いのではなかろうか。

## 6 おわりに

　本章では強卵式を事例に、現代社会における儀礼と文化的持続可能性の在り方を議論した。かつて 2015 年に A 氏へインタビューした際、強卵式を 200 年続く儀礼にしたいとうかがった。200 年後の日本の儀礼はどうなっているのだろうか。現在のテクノロジーが順調に発展し、様々な儀礼をリアルタイムで全世界発信することが続いているかもしれない。すべてをサイバー空間上で実施する儀礼も増えているだろう。代替不可能な人材が AI などで再現され、ある時点での儀礼が完全再現され続けている可能性もある。あるいは、ネットスラングやインターネットミームのような現代文化が、伝統化して再現されているのだろうか。いずれにせよ、未来の人々も文化を編みそれを受け継いでいこうとすることは疑いようもない。この大きな文化のうねりの中で、天狗の呵呵とした笑い声が永く響きわたって欲しいものである。

【謝　　辞】
この論文の作成にあたり、コロナ禍中にもかかわらず A 氏とそのご家族にインタビューへご協力いただいた。また、執筆者のメンバーから多くのご意見やご助言をいただいた。この場を借りてお礼申し上げる。

【引用・参考文献】
オルポート, G. W., & L. ポストマン／南　博（訳）［2008］『デマの心理学』岩波書店
国土地理院［2022］「地理院地図（電子国土Web）」〈http://maps.gsi.go.jp/#16/36.428681/139.764526/&base=std&ls=std&disp=1&vs=c1g1j0h0k0l0u0t0z0r0s0m0f1（2022 年 12 月 25 日閲覧）〉
小林ゴールドエッグ［2015］「『山盛りの卵を食べつくせ！』と責められる、神社の儀式がある」〈http://www.cgegg.co.jp/blog/%E3%81%9F%E3%81%BE%E3%81%94%E3%81%AE%E6%AD%B4%E5%8F%B2%E3%83%BB%E6%96%87%E5%AD%A6%E3%83%BB%E6%96%87%E5%8C%96%E5%AD%A6/3743/（2022 年 12 月 25 日閲覧）〉

酒井貴広［2017］「地域住民とメディアの相互作用を基盤とする祭りの創造に関する研究
　　──栃木市都賀町家中の「強卵式」を事例として」『早稲田大学大学院文学研究科紀
　　要』62: 549–566.

杉岡幸徳［2005］『日本トンデモ祭──珍祭・奇祭きてれつガイド』美術出版社

杉岡幸徳［2007］『奇妙な祭り──日本全国〈奇祭・珍祭〉四四選』角川書店

杉岡幸徳［2014］『奇祭』有楽出版社

栃木市［2012］「とちぎ散歩 第3回」〈https://www.city.tochigi.lg.jp/uploaded/
　　attachment/2945.pdf（2022年5月12日閲覧）〉

栃木市［2020］「令和2年国勢調査の概要【人口等基本集計結果】」〈https://www.city.
　　tochigi.lg.jp/uploaded/attachment/39259.pdf（2022年4月16日閲覧）〉

中川光熹［1980］「日光山の延年舞と強飯式」五来　重（編）『修験道の美術・芸能・文
　　学1』名著出版, pp. 280–310.

日光山輪王寺［2021］「2021年4月2日（金）強飯式のお知らせ」〈https://www.rinnoji.
　　or.jp/2021/03/15/1609/（2022年4月19日閲覧）〉

日光山輪王寺［2022］「2022年4月2日（土）強飯式のお知らせ」〈https://www.rinnoji.
　　or.jp/2022/01/27/1942/（2022年4月19日閲覧）〉

ねとなび［2021］「天狗が「山盛りの卵を全部食べろ」と人々に強要し全員が「無理で
　　す」と断るという奇妙な神事を見学してきた「ポプテピピックの一コマかな？」」
　　〈https://netnavi.appcard.jp/e/cu9VQso（2022年4月16日閲覧）〉

パリサー, E. ／井口耕二（訳）［2012］『閉じこもるインターネット──グーグル・パーソ
　　ナライズ・民主主義』早川書房

平林（宮部）真衣・吉野　孝・河添悦昌［2022］「新型コロナウイルス感染症流行時にお
　　けるTwitter上の流言訂正情報に関する分析」『情報処理学会論文誌』63(1): 29–44.

福原敏男［2003］『神仏の表象と儀礼──オハケと強飯式』国立歴史民俗博物館

松田俊介［2015］「伝統儀礼を活用した地域食の生成──日光周域における食を通じた地
　　域活性化の事例から」『食生活科学・文化及び環境に関する研究助成 研究紀要』28:
　　121–130.

松田俊介［2018］『儀礼をめぐる情報の表象と編集──強飯式の人類学的研究』早稲田大
　　学博士学位論文

松田俊介・酒井貴広［2016］「儀礼の創出と地域住民のアイデンティティ表象に関する研
　　究──栃木市都賀町家中の "強卵式" の事例から」『生活学論叢』30: 1–14.

矢島清文［1955］「強飯式私考」『大日光』28: 52–56.

レイモンド, E. ／山形浩生（訳）［1999］『伽藍とバザール──オープンソース・ソフト
　　Linuxマニフェスト』光芒社

Dessein, J., K. Soini, G. Fairclough, & L. Horlings（eds）［2015］*Culture in, for and as Sustainable Development. Conclusions from the COST Action IS1007 Investigating Cultural Sustainability.* University of Jyväskylä.

Leibenstein, H.［1950］Bandwagon, Snob, and Veblen Effects in the Theory of Consumers' Demand. *The Quarterly Journal of Economics* 64(2): 183–207.

Soini, K., & I. Birkeland［2014］Exploring the Scientific Discourse on Cultural

Sustainability. *Geoforum* 51: 213–223.

Twitter Japan［2020a］「開発者ポリシー」〈https://developer.twitter.com/ja/developer-terms/policy（2022 年 4 月 16 日閲覧）〉

Twitter Japan［2020b］「ボットか否か、Twitter におけるプラットフォームの操作について」〈https://blog.twitter.com/ja_jp/topics/company/2020/BotorNot（2022 年 4 月 16 日閲覧）〉

第**3**章

# 近世・近代の漆製品の消費にみる
# 文化的持続可能性

## 物質文化の視点から

都築由理子

**1** はじめに

　クロード・レヴィ＝ストロースは 1977（昭和 52）年から 1988（昭和 63）年の間に 5 回、日本を訪れており、その時のことを次のように記している［レヴィ＝ストロース 2001：4-6］。

　　私の〔日本滞在の＝筆者〕大部分の時間は、和服の機織師、染師、絵師や、陶芸師、鍛冶師、木地師、金細工師、漆芸師、木工師、漁師、杜氏、板前、菓子杜氏、それに文楽の人形遣いや邦楽の演奏の方々とお会いすることに割かれました。そこから私は、「はたらく」ということを日本人がどのように考えているかについて、貴重な教示を得ました。それは西洋式の、生命のない物質への人間のはたらきかけではなく、人間と自然のあいだにある親密な関係の具体化だということです。［…］さらに、日本人がある時は自然を、ある時は人間を優先し、人間のために必要なら自然を犠牲にする権利を自らに与えるのも、おそらく自然と人間とのあいだに、截然とした区別が存在しないことによって説明されるのかもしれません。自然と人間は、気脈を通じ合った仲間同士なのですから。

　このようなレヴィ＝ストロースの指摘は、日本における自然と人間の関係を端的に捉えたものであろう。

　考古学の研究により明らかにされているように、日本列島において人間は動物、植物、鉱物など様々な自然資源を利用し、生活を営み、文化を生み出してき

た。縄文時代には単なる植物採集ではなく管理・栽培を行う高度な植物利用が
行われていた。その中でもウルシ（漆）[1]との関わりは古く、日本最古の漆関
連出土資料である福井県三方上中郡若狭町鳥浜貝塚出土のウルシ材は、放射性
炭素年代測定の結果、1万2,600年前のものと判明している［鈴木ほか2012：
69］。ウルシは中国原産で、日本では人間が生育場所の管理を行わないと在来
の木に負けて生育できない［能城2014：66］。したがって、自然への積極的な
関与によって、日本人とウルシ（漆）の関わりは縄文時代から現在に至るまで
連綿と続いてきた。ウルシ（漆）と関わり利用する文化、すなわち漆文化が歴
史的にどのように変容しながら継承されてきたのか、その問題を考えることは
自然と人間の関係の歴史を考えることでもある。

　古代の記録においてもウルシ（漆）との関わりをみることができる。734（天
平6）年に上申された『出雲国計会帳』「桑漆帳」にはウルシの植栽と採取され
た漆を正丁の調副物として納めることが規定されている。その後、748（天平
20）年と808（大同3）年にも植栽の督励が出されている。他にも『正倉院文
書』『延喜式』には漆の貢納国、また庸や年料として漆製品を貢納する国が記さ
れ［四柳2009：62-64］、日本列島の東北から九州までの広域でウルシおよび製
品が生産されていたことがわかる。

　平安時代後期以降、律令国家権力の衰退とともに、各地の国衙（こくが）などの工房に
いた塗師が自立し、台頭する荘官・在地領主層の元で新たな漆器生産を始める。
岩手県柳之御所遺跡や志羅山（しらやま）遺跡などの中世遺跡から塗師など様々な工人の集
住と分業化が確認できる［四柳2018：30］。中世遺跡出土漆器資料には材料や
製作工程を大幅に省略した渋下地漆器[2]が多くみられ、生産技術の革新がおき
たことがわかる。さらに渋下地漆器は安価であったことから漆器の需要が急速
に拡大した。

　近世に入ると、江戸・大坂・京都という三都や各地の城下町の発展が漆製品
の生産・消費のあり方に大きな影響を与えた。日本の近世、幕藩体制下での産

---

1) カタカナ表記は植物のウルシ（*Toxicodendron vernicifluum*）を示し、漢字表記はウル
　　シから採取された樹液や漆製品等を表す。
2) 漆の代用として柿渋と炭粉を混ぜた下地（渋下地）に1-2回漆で上塗りした漆器。

業は基本的に農業であり、城下町を背景とした都市の消費生活を需要する商品
の生産に努力が傾けられていた［遠藤 1985：205］。地方の特産品も同様に幕
府・諸藩の保護と統制によって生産され、各都市の消費生活に密着したもので
あった。これらは徐々に大坂、江戸を中心とした市場流通網にのり、「全国的」
に認識されるようになる。このような日本の手工業にウルシ（漆）を利用した
漆器生産ももちろん含まれる。近代になって欧米からの移植産業が機械制大工
業として資本制生産の主流を形成し、前近代からの在来産業は破壊的な影響を
受けて、その多くは分解・没落し、存続したのはわずかである［遠藤 1985：
209］。漆器及びウルシ（漆）に関わる産業は、近代以降も存続した在来産業の
一つである。

　明治時代後半になると、都市への人口集中が進み、都市生活者の商品、娯楽
など様々な要求に応えるようにつくられたのが百貨店である。百貨店は「流行
をつくり出すことによって、結果的に大量生産の一翼を担い、産業を発展させ
る大きな役割を演じることになった」［初田 1999：102］と指摘されている。大
量生産と大量消費の循環が新たな商品流通をもたらしたといえるだろう。この
ような近代化された生産 – 流通 – 消費における漆製品の歴史的な分析はこれま
で不十分であった。

　こうした問題を検討するために、本章では物質文化の視点から近世考古学の
成果をもとに以下の①〜③の民具に関するデータベース資料、文献史料を用い
る。第 2 節では①『南関東の共有膳椀』の紀年銘資料から近世・近代における
南関東の漆製品の普及の様相を捉える。次に、第 3 節では②生麦村の名主の書
いた『関口日記』の漆製品の購入、贈答、補修などの記事を集計し、一つの家
および村落において、いつ、どこで、どのようなものが使われていたかを明ら
かにする。そして、第 4 節では③百貨店機関雑誌『時好』『みつこしタイムス』
『三越』の漆製品に関する広告、記事をみることによって、百貨店でいつ、どの
ような商品が取り扱われていたのかを捉える。なお、①〜③の資（史）料は江
戸、明治、大正時代を中心とし、昭和時代までを扱う。

　以上のように、本章では近世・近代の漆製品を取り上げ、漆文化が持つ歴史
を踏まえて、日本の近代的、資本主義的な生産 – 流通 – 消費システムにおける
漆製品の都市・村落での消費の実態を近世とのつながりにおいて分析すること

にしたい。それは、近代的な資本主義、消費のあり方を問う持続可能性社会へ
の歴史的な視座となるだろう。また、本章は本書序章の文化的持続可能性の概
念における「3つの視点」論の第3の視点［Dessein et al. 2015］、CS 関連研究
の「7つのタイプ」のⅢ型（economic viability）［Soini & Birkeland 2014］を念
頭におきながら、日本における文化的持続可能性の実態を考えるものである。

## 2 『南関東の共有膳椀』からみる漆製品の様相

　近世以降、漆製品の研究は伝世資料、つまり民具資料に拠るところが大きい。
特に共有膳椀は昭和 40 年代（1965–）頃まで使用されており、各自治体の博物館
等で収集され散逸を免れている。共有膳椀とは、主に冠婚葬祭の宴会で使用さ
れた膳椀などハレの食器で、高価かつ客数分が必要となるため富裕な家から借
りたり、共同で購入、所有し使用された［『南関東の共有膳椀』編集委員会 1999］。
　共有膳椀の網羅的な研究として、南関東地方を対象とした『南関東の共有膳
椀──ハレの食器をどうしていたか』がある。本書は関東民具研究会の共同研
究で、①所有形態の地域性・時代性、②共有にみる村落社会の組織原理、③使
用にみる「料理文化」の庶民への浸透という 3 つの観点に沿って成果がまとめ
られている。さらに資料編として「データベース「紀年銘のある膳椀類」」（以
下、データベース）が収録されている。紀年銘とは膳椀類を収納する木箱に購
入年月日、購入者などが記されたものであり、年代比定が難しい民具資料にお
いて貴重な資料である。データベースは埼玉県、東京都、神奈川県の既刊資料、
博物館所蔵品、調査データから紀年銘のあるものを抜粋し、食器所有の時代性
と地域性を確認することを目的としている［『南関東の共有膳椀』編集委員会
1999］。
　したがって、本節では『南関東の共有膳椀──ハレの食器をどうしていたか』
のデータベースから漆製品を抽出し、時代ごと、南関東地域の地域ごとに普及
の様相を検討する。

### 2-1　時代性
日本各地に残る漆器を調査した須藤護によると、一般民衆が儀礼用の漆器

を所持するようになるのは一番古いもので寛政年間（1789-1801）、文化文政年間（1804-1830）になると少しずつ増加し、幕末から明治時代に入ると豪商・豪農クラスで一般的になる［須藤 1992：178］としている。では、南関東地域においてはどのような様相だったのだろうか。データベース[3]総件数は 397 件で、陶磁器製食器や座布団、卓など共有膳椀に関連する様々なものを含んでいる。そこから漆製品を抽出すると 286 件で全体の 72％を占める。ただし、「銚子」のように陶磁器製、金属製、漆塗りのいずれもの可能性があり、記銘から材質が判別できない器種は抽出から除外した。したがって、実際の漆製品の件数はより多い可能性があることを念頭におく必要がある。

　データベース全体で一番古いものは 1751（寛延 4）年の東京都八王子市比企町の汁次・燗鍋で、最新のものは 1988（昭和 63）年[4]の東京都東村山市廻田町の椀・茶碗・皿である。件数の時代ごとの内訳は江戸時代が 1751（寛延 4）年から 1868（慶應 4）年までの 117 年間で 92 件、明治時代（1868-1912）が 45 年間で 146 件、大正時代（1912-1926）が 15 年間で 62 件、昭和時代が 1926（昭和元）年から 1988（昭和 63）年までの 63 年間で 97 件で、明治時代が最も多い。10 年ごとにみると 1791-1800 年以降、連続して出現し、1891-1900 年まで漸次的に増加する。1901-1910 年に減少するが再び増加し、1921-1930 年をピークに 1931-1940 年以降、減少する。1 年ごとにみると最多が 1930（昭和 5）年の 17 件で、次いで 1877（明治 10）年の 14 件である。

　データベースから抽出した漆製品のうち一番古いものと最新のものは、データベース全体と同じである。器種[5]は椀（吸物椀、親椀、汁椀、壺椀、平椀、大平）、膳（高脚膳）、皿、銚子、盃（三ツ組、五ツ組）、盃台、汁次・燗鍋、切溜、盆、菓子盆、飯台、重箱、湯桶、角樽が確認された。件数の時代ごとの内訳は江戸時代が 73 件、明治時代が 101 件、大正時代が 51 件、昭和時代が 61 件で、明治時代が最も多い。図 3-1 は件数を 10 年ごとにみたものである。1791-1800 年以降、連続して出現し、1871-1880 年まで微増減を繰り返しながら増加する。

---

3）データベース「番号」を 1 件として数えた。
4）購入年でなく、寄贈年。
5）データベース「対象用具」に該当する。「対象用具」と「記載内容」（銘文）の器種が合致する場合が大半であるが、異なる場合は「記載内容」の器種を採用した。

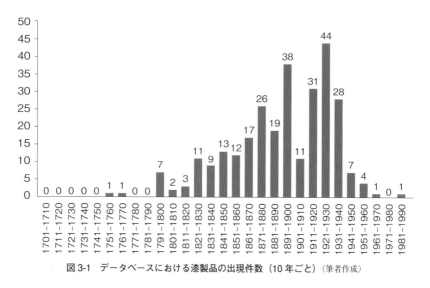

**図3-1　データベースにおける漆製品の出現件数（10年ごと）**（筆者作成）

1901–1910 年に減少するが再び増加し、1921–1930 年をピークに 1931–1940 年以降、減少する。図 3-2 は件数を 1 年ごとにみたものである。最多が 1930（昭和 5）年の 13 件、次いで 1877（明治 10）年の 10 件であるが、ほとんどが 8 件以内に収まる。さらに、1941（昭和 16）–1948（昭和 23）年が 0 件[6]であることが特徴的で、第二次世界大戦の影響が考えられる。ただし、この時期にも膳椀類は出征の壮行会などで使用[7]されており［大藪 1999：19］、新たに購入されることがなかっただけだと考えられる。

　このようにデータベースから抽出した漆製品の件数の増減はデータベース全体と概ね同じように変遷していることがわかった。最後に、漆製品の件数が全体に占める割合は江戸時代が 79.3％、明治時代が 69.2％、大正時代が 82.3％、昭和時代が 62.9％である。昭和時代の割合が低くなっているのは昭和 25 年頃以降、漆製品以外の陶磁器製の皿、茶碗、食器以外に座布団や卓などが購入されたことが要因と考えられる。時代幅を考慮しても江戸時代より短い年数の近代以降のほうが事例数が多く、近代以降に漆製品は普及したといえるだろう。

6）データベース全体でも該当期間に 4 件しか購入されていない。
7）西多摩地域において。

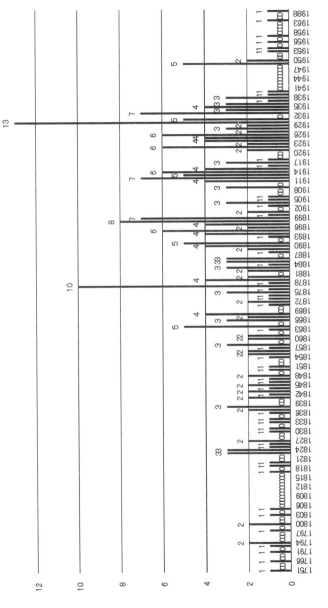

図 3-2　データベースにおける漆製品の出現件数（1 年ごと）（筆者作成）

## 2-2 地域性

　図3-3はデータベースから抽出した漆製品の件数を都県、市町村ごとにまとめたものである。東京都、神奈川県、埼玉県の順に多く、東京都のみで全体の46.5％を占めている。東京都は19、神奈川県は13、埼玉県は5つの自治体[8]で確認されている。東京都は西多摩、北多摩、南多摩地域が圧倒的に多い。23区は少なく、かつ大正時代以降は確認されていない。神奈川県は県央地域を主とし、横浜、横須賀・三浦地域以外にみられる。埼玉県は秩父、西部地域にみられる。前述のように民具資料は紀年銘がない場合も多く、これらはデータベースに掲載されていない。このように地域的な偏りが生じる要因として、紀年銘資料の特質、限界と同時に民具調査の偏在性が考えられる。しかし、約400件におよぶデータベースは非常に有効性が高いので、ここでは南関東地域におけるおおよその傾向として捉えることにしたい。

## 2-3 時代性と地域性

　本項では、時代ごとに都県、市町村別に漆製品の件数の推移を検証し、普及の様相を検討する（表3-1）。自治体数は東京都、神奈川県、埼玉県のいずれも

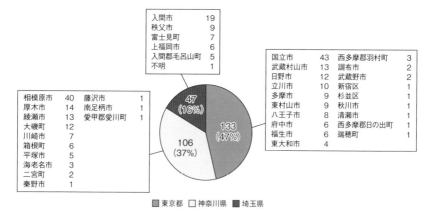

**図3-3　都県別にみる漆製品の件数の割合（自治体別内訳つき）**
（筆者作成）

---

8）データベース「所在地」に記された自治体名。自治体名は調査時のままで、市町村合併により新市町村名に変更する以前のものもある。

表 3-1　時代ごとにみる都県別の漆製品の件数（自治体別内訳つき）（筆者作成）

| 江戸時代 | | |
|---|---|---|
| 東京都 26 | 八王子市 | 7 |
| | 立川市 | 3 |
| | 調布市 | 2 |
| | 東大和市 | 2 |
| | 日野市 | 2 |
| | 西多摩郡 羽村町 | 2 |
| | 秋川市 | 1 |
| | 国立市 | 1 |
| | 府中市 | 1 |
| | 福生市 | 1 |
| | 武蔵村山市 | 1 |
| | 西多摩郡 日の出町 | 1 |
| | 新宿区 | 1 |
| | 杉並区 | 1 |
| 神奈川県 28 | 相模原市 | 8 |
| | 厚木市 | 6 |
| | 川崎市 | 6 |
| | 綾瀬市 | 2 |
| | 海老名市 | 2 |
| | 秦野市 | 1 |
| | 平塚市 | 1 |
| | 藤沢市 | 1 |
| | 愛甲郡 愛川町 | 1 |
| 埼玉県 19 | 秩父市 | 6 |
| | 上福岡市 | 4 |
| | 入間市 | 3 |
| | 入間郡 毛呂山町 | 3 |
| | 富士見市 | 2 |
| | 不明 | 1 |
| | | 73 |

| 明治時代 | | |
|---|---|---|
| 東京都 43 | 国立市 | 13 |
| | 武蔵村山市 | 12 |
| | 多摩市 | 5 |
| | 府中市 | 5 |
| | 東村山市 | 4 |
| | 東大和市 | 2 |
| | 福生市 | 1 |
| | 西多摩郡 羽村町 | 1 |
| 神奈川県 44 | 相模原市 | 15 |
| | 大磯町 | 8 |
| | 厚木市 | 6 |
| | 綾瀬市 | 5 |
| | 平塚市 | 4 |
| | 箱根町 | 4 |
| | 海老名市 | 2 |
| | 南足柄市 | 1 |
| 埼玉県 14 | 富士見市 | 5 |
| | 入間市 | 4 |
| | 秩父市 | 3 |
| | 上福岡市 | 2 |
| | | 101 |

| 大正時代 | | |
|---|---|---|
| 東京都 37 | 国立市 | 15 |
| | 立川市 | 6 |
| | 日野市 | 4 |
| | 福生市 | 4 |
| | 多摩市 | 3 |
| | 武蔵野町 | 2 |
| | 清瀬市 | 1 |
| | 八王子市 | 1 |
| | 瑞穂町 | 1 |
| 神奈川県 12 | 綾瀬市 | 5 |
| | 相模原市 | 4 |
| | 大磯町 | 2 |
| | 二宮市 | 1 |
| 埼玉県 2 | 入間郡 毛呂山町 | 2 |
| | | 51 |

| 昭和時代 | | |
|---|---|---|
| 東京都 27 | 国立市 | 14 |
| | 日野市 | 4 |
| | 東村山市 | 4 |
| | 立川市 | 6 |
| | 多摩市 | 3 |
| 神奈川県 22 | 相模原市 | 13 |
| | 厚木市 | 2 |
| | 大磯町 | 2 |
| | 箱根町 | 2 |
| | 綾瀬市 | 1 |
| | 川崎市 | 1 |
| | 二宮市 | 1 |
| 埼玉県 12 | 入間市 | 12 |
| | | 61 |

江戸時代が最も多く、近代以降、徐々に減少する。一方、自治体別に件数の推移をみると、明治時代以降、東京都国立市は常に10件を超えており、他にも神奈川県相模原市、埼玉県入間市で継続的な件数が認められる。これは南関東地域全体の面的な広がりから各自治体内へ局所的な広がりへ変化したようにみえる。

　ここでは自治体内での広がりを検討するため、国立市、相模原市内の具体的な様相を取り上げる。国立市では青柳、谷保の2地域で講によって漆製品が購入されている。江戸時代は1組（青柳1組）、明治時代は6組（青柳1組、谷保5組）、大正時代は6組（青柳2組、谷保4組）、昭和時代は7組（青柳1組、谷保6組）の講が確認できる。特に青柳の青柳上講中、谷保の下谷保中組講中、石神組講中は明治時代から昭和時代まで連続して漆製品を購入している。

　青柳上講中は1879（明治12）年3月に吸物椀10人前と陶磁器製の丼鉢、大皿を購入している。1891（明治24）年4月に膳10人前、1922（大正11）年3月に「親椀5ツ入」、「平10入」、「平フタ入5ツ入」、「吸物椀入」、1933（昭和8）年5月に飯台、1934（昭和9）年7月に「親椀入」、「吸物椀入」、「湯筒入」、および陶磁器製の小皿、菓子皿も一緒に購入している。それぞれ異なる器種を購入していることから、一式を徐々に買い揃えているらしいことがわかる。

　下谷保中組講中は1871（明治4）年3月に膳10人前、1889（明治22）年10月に膳10人前、1921（大正10）年3月に「膳5枚入」を「新調」、1926（大正15）年3月に「膳5枚入」を「新調」、1958（昭和33）年10月に「膳5枚入」を「新調」し、いずれも同一の器種を購入している。このように、講によって購入パターンが異なる。

　一方、相模原市では橋本、田名、上溝など最大6地域で江戸時代から明治時代までは個人と講、大正時代以降は講によって漆製品が購入されている。江戸時代は個人2人（橋本1人、人島1人）と3組（相原1組、上溝1組、田名1組）、明治時代は個人2人（橋本1人、大島1人）と3組（相原1組、小山1組、田名1組）の講が、大正時代は3組（相原1組、田名1組、橋本1組）、昭和時代は6組（上溝2組、小山1組、田名1組、橋本1組、淵野辺1組）の講が確認できる。大正時代まで1地域につき1つの講が購入しているが、昭和時代になると1地域から複数の講が購入するようになる。

　田名の欠間念仏講中は明治時代から昭和時代まで連続して漆製品を購入している。欠間念仏講中は 1823（文政 6）年「晩春大吉日」に吸物椀、1824（文政 7）年正月に銚子、盃、盃台、1877（明治 10）年 10 月に銘々盆 30 人前、吸物椀 10 人前を購入している。1898（明治 31）年 3 月に汁椀 30 人前を「新調」、そして 1909（明治 42）年 11 月に平膳、平 15 人前 3 箱、壺 15 人前と陶磁器製の中皿 30 人前、小皿 30 人前、皿 15 人前、猪口 15 人前を全て「新調」購入している。さらに 1926（大正 15）年 3 月に飯椀 15 人前 2 箱と陶磁器製の中皿、1937（昭和 12）年 3 月に会席膳を購入し、前述の国立市の青柳上講中と同様に必要な器種一式を買い揃えているようである。

　このように、明治時代から昭和時代にかけて購入者、例えば講の組数が増加し、また買い揃えのために一回あたりの購入件数も増加したことが、データベースの件数の局所的な広がりへ反映されたものと考える。なお、データベースでは「平 20 人前但蓋○個不足」のように紀年銘だけでなく遺失の記銘がみられることから、単に必要な一式を揃えるだけでなく、遺失分の補充のための新調、買い揃えも考えられる。

## 2-4　小　　結

　前述のように東京都 23 区の共有膳椀の事例数は少ないが、かつて個人で所蔵していた民具資料の中にハレの日の食器類をみることができる。東京都千代田区神田小川町の商家大宮家の資料は、饗宴・婚礼などに使用された飲食器類を中心にした生活用具類で、漆器としては膳、椀がみられる。箱書きの紀年銘から明治 20 年代（1887–）に買い揃えられたとみられるが、昭和初期までのものが混在する［後藤 1996：90］資料である。

　杉並区下井草の井口家の資料は揃いの漆器椀で、文書から明治 20 年代（1887–）から昭和 10 年代（1935–）に各当主の代で徐々に買い揃えられたものと考えられる。井口家は江戸時代には下井草村の名主・年寄役を務めた家柄である［後藤 1996］。いずれの事例も明治 20 年代（1887–）以降に買い揃えられたもので、ハレの日の食器を個人で所有する富裕な家の一例といえるだろう。これらはデータベースに掲載されていない。このように東京都 23 区でも漆製品の使用が確認でき、決して空白地帯ではなかったことがわかる。

　さらに近世の漆製品の使用の様相を把握できる資料として江戸及び周辺の遺跡出土資料がある。主に千代田区、中央区、港区、新宿区、文京区、台東区、墨田区、江東区、渋谷区、豊島区の出土資料である。出土漆製品の点数は17、18世紀代が多く、いずれも3,000点を超えるが、19世紀代に入ると約900点まで減少する［都築 2021：194］。ここでは19世紀を1868（明治元）年までとしたため、世紀によって年数が異なることを念頭におく必要があるが、年数差を差し引いても19世紀に減少している。また出土漆製品は幅広い器種を含み、本節で対象とした共有膳椀と単純に比較することは難しい。しかし、近世の都市部においては17、18世紀以降、漆製品が普及し、大量に消費されていた様相がわかる。

　以上のように、データベースから抽出した漆製品の件数は明治時代が最も多い。10年ごとにみると、1871–1880年まで微増減を繰り返しながら増加し、1921–1930年をピークに1931–1940年以降、減少する。件数が確認された自治体数は江戸時代が最も多く、徐々に減少していく。一方、明治時代以降、東京都国立市、神奈川県相模原市、埼玉県入間市は継続的な件数が認められ、南関東地域全体の面的な広がりから各自治体内へ局所的に広がる様相がみられた。民具資料からみる近代以降の都市郊外での件数と、考古資料からみる近世都市江戸の出土資料点数から、漆製品は近世から近代にかけて、都市から郊外すなわち村落へ普及したといえる。

## 3　『関口日記』からみる漆製品の様相

　第2節では『南関東の共有膳椀』データベースから、漆製品が近世から近代にかけて都市から郊外へ普及した様相、具体的には南関東地域全体の面的な広がりから各自治体内へ局所的に広がる様相がみられた。本節ではさらに焦点をしぼり、武蔵国橘樹郡生麦村（現在の神奈川県横浜市鶴見区生麦町）に住んだ関口家の歴代当主の日記である『関口日記』に着目し、一つの家における近世から近代の漆製品の様相を検討する。

　関口家は戦国時代の小田原・後北条氏の被官で武蔵国橘樹郡子安郷を支配した関口外記の末裔と伝えられる。生麦村の草分百姓の一族を出自とする家で、

2代目当主藤右衛門以降の当主は名主を務めた。寺子屋の師匠[9]、薬の製造販売[10]、漢学者[11]であり、村政だけでなく文化・教育活動の中心的な役割を担った。経済基盤は小作料収入などの農業経営と高利貸経営であった［横浜開港資料館 1986：47-51］。

『関口日記』は初代当主藤右衛門、2代目藤右衛門、3代目東作、4代目昭房、5代目昭知によって書き継がれた日記で、1762（宝暦12）年から 1901（明治34）年まで途中欠年があるが 139 年間にわたりほぼ毎日の記録[12]がある。日記の内容は天候、金銭出納、家族の出生・婚姻・死没などの生活情報だけでなく、事件や風聞も記されている。これらは家の経営を記録し、後代の参考にするため、さらに冠婚葬祭などの交際の覚書や名主としての公務記録のためであった［横浜開港資料館 1986：1］。

生麦村は鶴見川の河口に開けた村で、東京湾に面した海岸附の平坦部に位置している。村の産業は農業、漁業、商業に大別でき、7 割以上が農家[13]であった［横浜近世史研究会 1998：105-106］。しかし、東海道が村内を通り、川崎宿と神奈川宿の中間に位置することから商業が活発で、一般の純農村とは違った街道村であった［内田 1987：257］。また、御菜八ヶ浦[14]の一つであり、江戸まで 6 里（約 23.5km）と近いため、奉公・出稼ぎに行く村民もいた。関口家においても 2 代目藤右衛門の娘・ちえは江戸両国川村松五郎と結婚後死別し、大奥へ奉公した。他の関口家の子女達も江戸の武家屋敷へ奉公に行っている［久木・三田 1981；大口 1993］。このように生麦村の村民にとっての江戸は、生活に結び付いた身近な存在であった。

---

9) 初代、2代目当主藤右衛門。

10) 2代目当主藤右衛門。

11) 3代目当主東作。

12) 約 90 冊あり、冊によって「日記留帳」、「附込日記帳」など様々な題がつけられ、これらの総称が『関口日記』である。翻刻され、計 26 巻（23 巻、別巻 3 巻）が刊行されている。

13) 1842（天保13）年の調査による（神奈川県立公文書館所蔵『池谷健治氏旧蔵 関口家文書』）。

14) 魚介類を 1 ヶ月に 3 度ずつ江戸城へ献上する代償として、江戸内湾漁業に特権を持った浦。

　考古学において、『関口日記』から生活用具の購入、復元について検討した研究はあるが、陶磁器類を中心としたものである［前山 1990；佐々木 1985］。森本伊知郎は生活用具全般に着目し、1796（寛政 8）年から 1845（弘化 2）年までの 50 年間にわたる購入と使用の状況を調査した［森本 2009：268-278］。しかし、『関口日記』を近世から近代まで網羅的に、また漆製品を中心に分析した研究はない。

　本節では『関口日記』［石井・内田 1971-1985］の 1762（宝暦 12）年から 1901（明治 34）年までの日記記事を対象とし、漆製品の購入、贈答、修繕、貸出、売却、奉納、下賜、その他に関する記事を集計した。ただし、「盃」のように陶磁器製、金属製、漆塗りのいずれもの可能性があり、材質が判別できない器種は除外した。「高蒔絵大盃」のように「高蒔絵」など漆塗りやその技法が明確に記されたもの、購入先や前後の文脈から漆製品と判断できたもののみを抽出したため、実際の件数はより多い可能性があることを念頭におく必要がある。

　漆製品に関する記事は 193 件あり、時代ごとの内訳は、江戸時代が 1762（宝暦 12）年から 1868（慶應 4）年までの 106 年間で 157 件、明治時代が 1868（明治元）年から 1901（明治 34）年までの 33 年間で 36 件である。江戸時代は途中欠年を除き、継続的に記事が確認され 3 年以上間隔が空くことはない。一方、明治時代は明治 20 年代以降、5 年以上間隔が空くようになり、記事数が減少する。表 3-2 は、漆製品に関する記事を内容別に集計したものである。購入が最も多く、修繕、贈答、貸出、その他出費の順に続く。いずれも全体の記事数が多い江戸時代が占める割合が高いが、貸出、下賜、その他出費は明治時代が占める割合が高い。特徴的なのは売却と奉納は江戸時代のみに確認され、下賜は明治時代のみに確認される点である。表 3-3 は記事の内容別に漆製品の器種をまとめたものである。膳椀類が全体で 70 件と最多で、江戸時代、明治時代ともに最も多い器種である。江戸時代のほうが器種にバリエーションがあり、食器や装身具から調度品まで広範囲の生活用品にみられるのに対し、明治時代は食器中心にみられる。以下、記事の内容別に概観する。

## 3-1　購　入

　漆製品は①関口家が自家の生活用品として購入したもの、②他所への贈答の

ために購入したもの、③他所への贈答のために購入した参詣・湯治の土産、④講中のために購入したものの4つに細分される。

　①関口家の生活用品は膳椀類が最も多く、10人前以上の大量購入は7件で、大半は1-2人前の少量の購入である。10人前以上の大量購入で一括性のある事例は1855（安政2）年2月の4代目昭房の婚礼に関するものである。「栗色内朱松立花蒔絵吸物椀20人前」「春慶塗尺7寸肴箱1ツ」「中如輪御鉢台大1枚」「極朱蒔絵松ニ亀三ツ組盃1組」「並木地蠟色砧枕2ツ」の5件を江戸・日本橋黒江屋で購入している。①のみに確認される物品として、漆製品ではないが「花漆代」など精製された漆液の購入が12件あり、膳椀類に次いで多い。3代目東作が自ら漆塗りを行っていた記事があり、漆は塗師などの漆を扱う職人だけが入手できる特別なものではなかったことがわかる。

表 3-2　内容別にみる記事数（筆者作成）

| | | | | 1762（宝暦12）年–1868（慶應4）年 | 1868（明治元）年–1901（明治34）年 |
|---|---|---|---|---|---|
| 購入 | 103 | 関口家 | 62 | 52 | 10 |
| | | 他所への贈答 | 32 | 32 | 0 |
| | | 他所への贈答（土産） | 8 | 6 | 2 |
| | | 講中 | 1 | 1 | 0 |
| 贈答 | 18 | 贈物 | 10 | 9 | 1 |
| | | 貰物 | 6 | 5 | 1 |
| | | 貰物（土産） | 2 | 2 | 0 |
| 修繕 | 40 | 関口家 | 33 | 28 | 5 |
| | | 寺社 | 6 | 6 | 0 |
| | | 講中 | 1 | 1 | 0 |
| 貸出 | 11 | 貸し金 | 6 | 4 | 2 |
| | | 貸し物 | 5 | 0 | 5 |
| 売却 | 7 | | 7 | 7 | 0 |
| 奉納 | 1 | | 1 | 1 | 0 |
| 下賜 | 4 | | 4 | 0 | 4 |
| その他出費 | 8 | 関口家 | 3 | 1 | 2 |
| | | 講中掛金 | 5 | 1 | 4 |
| 不明 | 1 | | 1 | 1 | 0 |
| | | | 193 | 157 | 36 |

表 3-3　内容別にみる器種（筆者作成）

| | | 江戸時代 | 明治時代 |
|---|---|---|---|
| 購入 | 関口家 | 膳、三つ足膳、宗和膳、春慶木具膳、椀、吸物椀、大平、平、皿、大盃、三つ組盃、盃台、菓子鉢、菓子盆、弁当箱、煙草盆、膳箱、長状箱、硯箱、膳棚、櫛箱、広蓋、通盆、行燈、灰吹蓋、肴箱、御鉢台、砧枕、枕、下駄、雪踏、花漆代、上花漆代、瀬〆漆代、漆代 | 膳、椀、塗箱（笄入）、表具縁、硯箱、広蓋、五つ組盃硯蓋、春慶漆代 |
| | 他所への贈答 | 膳、蝶足膳、蝶足男膳、椀、男椀、女椀、平、坪、腰高、吸物椀、杯、重箱、菓子盆、三つ足丸淵、重箪笥、女中持挟箱、針箱、鏡台、枕、櫛、櫛箱、耳盥・鉄漿道具、ぬし箱、硯箱、剃刀箱、下駄 | ― |
| | 他所への贈答（土産） | 通盆、角盆、丸盆、角食 | 菓子鉢、菓子盆 |
| | 講中 | 講中椀 | ― |
| 贈答 | 贈物 | 吸物椀、腰高、盃、重箱、椀箱、硯蓋、櫛箱、耳盥、硯箱、脇差 | 下駄 |
| | 貰物 | 盃、硯蓋、箱煙草入、枕 | 硯箱 |
| | 貰物（土産） | 三つ足小膳、徳利袴 | |
| 修繕 | 関口家 | 膳、三つ足膳、蝶足膳、椀、汁、平、吸物椀、平蓋、食纏、菓子鉢、丸桶、弁当箱、重箱、重箱蓋、小薬箱、盛物台、置物台 木魚、短万一腰拵、挟箱 | 膳、菓子盆、大小板 |
| | 寺社 | 神輿、神酒枠、鉾 | ― |
| | 講中 | 切溜 | ― |
| 貸出 | 貸し金 | 椀、講中椀、漆継代 | 講中膳椀 |
| | 貸し物 | ― | 膳、椀、吸物椀、三つ組盃 |
| 売却 | | 膳、椀、吸物椀、大平、三つ組盃台、広蓋 | ― |
| 奉納 | | 金箔漆代 | ― |
| 下賜 | | ― | 盃 |
| その他出費 | 関口家 | 金箔漆代 | 菓子盆、碁入 |
| | 講中掛金 | 膳、椀 | 膳、椀 |
| | 不明 | 下駄 | ― |

　②他所への贈答品は膳椀類が最も多く、10人前以上の大量購入はわずか1件のみで、1848（弘化5）年11月晦日に進物用の「吸物椀40人前」を江戸・日本橋黒江屋で購入している。一方、膳椀類の他に婚礼調度品が多くみられることが②の特徴である。一括性のある事例は1813（文化10）年の2代目藤右衛門娘・しげの婚礼に関するものである。夫婦用とみられる「黒門赤男椀」「同女椀」など膳椀類の他に、「重箪笥 桐木地溜ぬり鉄金物五三桐」「女中持挟箱 本

堅地黒塗厚金物ニ而金緘金古物ぬり直し誂棒 6 尺」「針箱 黒塗物さし入真鍮かな物」「鏡台 桐木地黒塗真鍮金物蝶番ひ厚物」「枕 1 対 槻木地槻木地つまミろ色鶏目附」の 12 件を購入している。さらに 1819（文政 2）年の「おなミ入用覚」に記された「膳椀 2 人前」「ぬし箱」「木地呂硯箱 1」「剃刀箱」の 4 件も江戸・日本橋黒江屋で購入している。他に「木地呂杯 2 ツ」を江戸・鉄砲町丹波屋で購入し、「塗下駄 1 足」など、これらの品々は 2 代目藤右衛門娘・なみの婚礼に関するものと考えられる。

　③土産品は盆類が最も多く、そのほとんどは 1850（嘉永 3）年 8 月の 4 代目昭房の富士参詣土産の 5 件が占めている。参詣の餞別留守見舞いの御礼品として富士土産を購入し、親族や近所の人々へ配った。いずれも「春慶」塗であり、駿府・静岡漆器の名産品である。④の講中は念仏講中のため、1846（弘化 3）年 4 月に講中椀を購入している。関口家の漆製品の購入先は主に前述の江戸・日本橋黒江屋であるが、他に江戸の「日本橋藤木」「龍閑町代地家主利右衛門店万や勘兵衛」「青木町茶碗屋佐野屋久兵衛」が確認できる。さらに、「払物」（中古）からの購入も確認できた。

## 3-2　贈　　答

　贈答は①関口家が他所へ贈ったもの、②関口家が他所から貰ったもの、③関口家が他所から貰った名所土産の 3 つに細分される。

　①は椀類が最も多く、前述した 1848（弘化 5）年 11 月晦日に江戸・日本橋黒江屋で進物用に購入した「吸物椀 40 人前」を 20 人前ずつ、12 月 23 日に馬場村久右衛門へ歳暮として、12 月 27 日に紀三へ 3 代目東作娘・愛の世話礼として贈っている。他に贈答の目的が確認できる事例は、1816（文化 13）年閏 8 年に麦田屋へ「腰高 箱入盃 1 ツ」、1817（文化 14）年 11 月と 1818（文政元）年 10 月に西子安久次郎とつるみ石屋へ硯蓋を縁付（結婚）祝儀として贈っている。②は器種に偏りがみられず、贈答の目的は関口家への手土産と子女達への婚礼祝儀の 2 つに分けられる。③は全て芦ノ湯土産である。1851（嘉永 4）年 8 月 16 日に「木地蝋色徳利袴」を今出屋久蔵から貰っている。8 月 2 日に関口家が久蔵の留守見舞いとして魚を購入していることから、留守見舞いの返礼と考えられる。

## 3-3 修　繕

　修繕は①関口家の生活用品の修繕、②生麦村の寺社に関わる修繕、③講中膳椀の修繕の３つに細分される。①は膳椀類が最も多い。一括性のある事例はみられず、必要な折に適宜依頼しているようである。「三ツ足膳塗直シ足継共」[15]と具体的な部位を挙げて記録しており、特に膳脚の修繕が多いことがわかった。主な補修依頼先は「神奈川」、「利八」であるが、小薬箱を「品川台町仏師金蔵」[16]、重箱を「小田村清七」（塗師）[17]、置物台を「江戸新門前鑓屋岩二」[18]、盛物台を「台仏師屋」[19]へ依頼していることから、塗師だけでなく仏師や鑓屋も漆塗りの補修を請け負っていたことがわかる。このように生麦村周辺、江戸、さらに店舗、個人を問わず様々な修繕先が確認できる。

　②は村内の龍泉寺（高野山真言宗生麦山聖無動院龍泉寺）の神輿修理と大山（相模大山）信仰に関するものである。前者が多くを占め、神輿修理は1809（文化6）年9月、1841（天保12）年4-6月、1865（元治2）年5月の3回確認される。1809（文化6）年と1841（天保12）年の修理代金は不明であるが、1865（元治2）年は金2分2朱が徴収されている。1841（天保12）年においては神輿だけでなく、鉾も塗り直されている。なお、1809（文化6）年に神輿修理を行ったのは、前述の関口家の小薬箱を塗り直した「品川台町仏師金蔵」である。後者の大山信仰に関しては、大山神酒枠[20]の塗り直しとして100文を町内の合力[21]へ支払っている。③は念仏講中で使用していた切溜を修繕しており、修繕代が45文であるため、割金として講中へ支払ったと考えられる。

## 3-4 貸　出

　貸出は①関口家が他所へ金を貸す場合、②関口家が他所へ物を貸す場合に分

---

15）1836（天保7）年4月。
16）1809（文化6）年9月。
17）1823（文政6）年4月。
18）1835（天保6）年9月。
19）1862（文久2）年10月。
20）大山参りの際、御神酒を持ち運ぶための2基一対の信仰用具。社殿風のつくりで内部に神酒徳利などを収め、上部の穴に天秤棒を通して運んだ。
21）互助組織。

けられる。①は椀類が最も多く、そのほとんどが講中椀の購入代金を関口家が
繰り替えたものである。前述の講中のための購入と異なり「繰替」「貸」と明
確に記載され、講中から割金を徴収し次第、関口家へ返金することとなってい
る。1867（慶応 3）年 10 月に関口与次右衛門が購入した原町の講中椀 10 人前、
1883（明治 16）年に関口覚太郎が購入した原町石橋以東の念仏講中膳椀 10 人
前（中古）、1890（明治 23）年に購入した念仏講中膳椀 20 人前はこれに依るも
のである。なお、与次右衛門と覚太郎は関口家の本家で親類にあたる。②は全
て明治時代で、具体的な客数は記されていないが、ほぼ膳椀類である。貸出の
目的は法事と婚礼であった。貸出先は「かじや」[22] や「江戸屋」[23]、「中村雅
治」[24]「小木曾」[25] と商屋、個人を問わず貸したことがわかった。

## 3-5　売却、奉納、下賜

　売却は江戸時代のみに確認され、1865（元治 2）年 7 月、10 月、11 月の 3 回
で 1 回につき 2-3 件の漆製品が売られている。膳椀類が最も多く、いずれも 10
人前を 1 セットとして売却している。

　奉納は江戸時代のみに確認され、1850（嘉永 3）年の村内の北八幡宮（朝陽
山八幡宮）へ奉納する額面の「額面石彫手間共金箔うるし代」を石工惣五郎へ
支払っている。

　下賜は明治時代のみに確認され、1881（明治 14）年 4 月に神奈川県令から 4
代目昭房へ、1898（明治 31）年 5 月に賞勲局から 5 代目昭知へ木盃が下賜され
ている。前者は 1880（明治 13）年 12 月の「中南町火災砲類焼人へ救助金」、後
者は「菊御紋章」盃で「明治 27 年事件労ニ依リ」受賞したものである。受賞の
沙汰書が送られた 1897（明治 30）年から正月に初めて盃を使った 1899（明治
32）年まで 3 年続けて「菊御紋章」盃の記事がみられ、関口家にとって非常に
名誉であったことをあらわしている。

---

22）1881（明治 14）年 10 月。
23）1881（明治 14）年 11 月。
24）1891（明治 24）年 2 月。
25）1901（明治 34）年 8 月。8 人前を貸出した。

## 3-6　その他出費

　その他出費は①関口家の出費、②関口家が支払った講中掛金に分けられる。
①は1843（天保14）年閏9月の「神奈川石屋仁三郎勘定書附写」に記された
「金箔うるし代」であるが、前述の北八幡宮への奉納とは異なり、関口家が石屋
へ個人的に支払っている。神奈川石屋仁三郎に石碑の彫り直しを依頼している
記事はあるが、「金箔うるし代」がどのような目的で、具体的に何に使用された
のかは判然としない。また、1875（明治8）年9月に関口家の家屋の内装を担
っていた「新町経師屋」が菓子盆、碁入に漆塗りを施し、その塗り代として支
払っている。

　②は前述の購入、貸出（貸し金）とは異なり、関口家が講中へ支払った講中
膳椀の月極掛金である。1814（文化11）年と1883（明治16）年の2回あり、後
者は関口覚太郎が1883（明治16）年に購入した原町石橋以東の念仏講中膳椀
10人前（中古）の徴収金とみられる。覚太郎へ購入代金の立て替えをしたにも
かかわらず、自らも掛金を支払っている。

## 3-7　小　　結

　以上のように、『関口日記』の漆製品に関する記事数は江戸時代が多く、江
戸とつながる街道村である生麦村の名主家では、漆製品は早い段階で普及して
いたと考えられる。特に購入や贈答においては婚礼、歳暮、祝儀、返礼、参詣
御礼土産に顕著である。購入に次いで修繕の記事が多いことから、関口家が村
の名主という富裕層であるにもかかわらず、破損しても新品に買い替えるので
はなく、修繕しながら使用し続けていたことがわかった。また、購入や修繕に
関しては購入先や修繕先の具体的な名称が挙げられており、新品だけでなく払
物（中古）の購入もみられ、前述の修繕同様に財としての漆製品の高い耐久性
をあらわすものである。

　さらに、購入先や修繕先の多くが生麦村周辺だけでなく、多くの江戸・東京
の店舗、個人へ依頼していたことがわかった。関口家では婚礼や進物の品の大
半を江戸・東京の日本橋黒江屋で購入していたことから、目的や器種によって
使い分けていた可能性が高い。

　また、江戸時代、明治時代を通じて関口家と講中との関わりがみられた。関口

家が講中膳椀を購入したり、講中のために講中膳椀代を立て替えたり、自らも掛金を支払ったりとその在り方も多様であった。さらに、明治時代に講中とは別に法事、婚礼のため膳椀を貸し出す記事が多くみられ、これは生麦村内での漆製品の普及の一端と考えられる。第2節では、共有膳椀が主に冠婚葬祭の宴会で使用された膳椀などハレの食器で、高価かつ客数を必要とするため富裕な家から借りたり、共同で購入、所有し使用された［『南関東の共有膳椀』編集委員会1999］ことを確認したが、関口家を通して具体的に把握することができた。

## 4　百貨店機関雑誌 『時好』『みつこしタイムス』『三越』 からみる漆製品の様相

　第3節で関口家が生麦村の周辺だけでなく、江戸・東京で生活に必要な商品を購入していたことがわかった。江戸・東京市中の人々だけでなく近郊の富裕層も都市の顧客であったことを示す一例であろう。大丸、白木屋や三井呉服店は近世に江戸三大呉服店と言われており、明治時代となっても存続した。明治20年代後半以降、これらの呉服店から発展し、欧米を参考にしたショーケースの設置や陳列販売方式の導入など徐々に百貨店が形づくられていった。

　日本における近代の百貨店研究は、従来、社史を中心とした経営・経済史的視点から行われてきたが、1990年代以降、近代消費文化の中で百貨店が果たした役割を文化史、社会史から捉える新たな視点が生まれ、初田亨［初田1999］、神野由紀［神野1994］の研究がその基礎となった。さらにメディア史、歴史学、文学、美術史学など多角的な視点を加えた山本武利・西沢保らの研究［山本・西沢1999］、国立歴史民俗博物館の共同研究［国立歴史民俗博物館・岩淵2014；岩淵2016］などが進められている。

　近代社会において百貨店は意図的に「流行をつくり出すことによって、結果的に大量消費の一翼を担い、産業を発展させる大きな役割を演じる」、「消費を演出することを通して近代を推進していった」［初田1999：102］と指摘されている。その消費の担い手は、東京においては関口家のような旧来の江戸市中及び近郊の富裕層とともに、新たな顧客として地方から上京した人々であった。具体的には官吏、軍人、学者、銀行員、会社員などの俸給生活者で上級、中級階

級を形成した人たち［初田 1999：123］である。こうした百貨店はその後、全
国各地に展開した。

　日本初の百貨店となったのは三越（当時、三越呉服店）である。1673（延宝
元）年 8 月に伊勢・松坂生まれの三井高利が江戸本町一丁目（現在の東京都中
央区日本橋本石町）に呉服店「越後屋」を開業したことに始まる。1893（明治
26）年 9 月に越後屋を「合名会社三井呉服店」に改組、1904（明治 37）年 12 月
に合名会社三井呉服店から「株式会社三越呉服店」を設立、1905（明治 38）年
1 月に全国の新聞に「デパートメントストア宣言」を広告掲載した。1928（昭
和 3）年 6 月に商号を「株式会社三越」と改めた［三越本社 2005］。なお、本
章ではいずれの時期でも「三越」と統一して呼称する。

　人々の消費行動を喚起するために百貨店の流行創出の役割を担ったのが、研
究会の活動と機関雑誌の発行である。三越において、前者は 1905（明治 38）年
6 月設立の流行研究会、後者は 1899（明治 32）年 1 月創刊の『花ころも』が嚆
矢である。流行研究会は「学俗協同」の理念 26) のもと、研究者、ジャーナリス
ト、芸術家など各界の知識人 27) を集め流行について研究し、講演会などを行っ
た。『花ころも』は 350 ページ以上もあり、呉服に関する論説、記事や尾崎紅
葉の小説とともに「流行欄」で商品と価格一覧が掲載されていた。これは単な
る読み物ではなく、商品の知識や流行を啓蒙し、商品目録で通信販売を促進す
るという、その後の百貨店による機関雑誌が持つ基本的機能を兼ね備えていた
［土屋 1999：225］。『夏衣』 28)『春模様』 29)『夏模様』 30)『氷面鏡』 31)『みやこふ
り』 32) の発行を経て、1903（明治 36）年 8 月には月刊『時好』を創刊し、内容
は商品の写真、解説、流行の紹介、文芸作品、催事の案内、商品目録が 50 ペー

---

26) 専務取締役・日比翁助による。学者の意見を聞き、三越の事業や商品へ活かすという
　　もの。
27) 巌谷小波（児童文学者）が顧問となり、石橋思案（記者）、坪井正五郎（人類学者）、塚
　　原柿渋園（小説家）などが会員であった。
28) 1899（明治 32）年 6 月刊行。
29) 1900（明治 33）年 1 月刊行。
30) 1900（明治 33）年 6 月刊行。
31) 1901（明治 34）年 1 月刊行。
32) 1903（明治 36）年 11 月刊行。

ジ前後に収められている。1908（明治41）年6月に旬刊『みつこしタイムス』、10月に月刊『みつこしタイムス』となり、1911（明治44）年3月に月刊『三越』が創刊され1933（昭和8）年4月まで続いた。

　本節では日本初の百貨店となった三越（東京・日本橋本店）が刊行した機関雑誌『時好』『みつこしタイムス』『三越』から漆製品に関する記載・記事を抽出し、百貨店における商品としての漆製品の様相を明らかにすることを目的とする。なお、「大阪の三越」「大阪みつこしだより」など大阪店に関する記載・記事は対象外とした。対象期間は「デパートメントストア宣言」を行った1905（明治38）年1月から関東大震災で罹災する1923（大正12）年9月までとした。そのうち国立国会図書館デジタルコレクションから閲覧可能な201号分[33]を対象資料とした。その結果、漆製品は代価表、特定の時節の商品、食器に関する陳列会、新美術部の展覧会、その他の展覧会・陳列会の記事内容において頻出することがわかった。

## 4-1　代価表

　代価表（定価表、三越商況と表記される号もある）は、商品と代金が一覧となって掲載されたものである。代価表は『時好』から始まり、後続雑誌の『みつこしタイムス』、『三越』にもみられ、『三越』1914（大正3）年『三越』第4巻第4号まで掲載される。代価表の商品は当初は呉服のみであったが、次第に化粧品や小間物、履物などの呉服の付属品、『時好』明治41年（1908）第6巻第5号頃には貴金属、煙草など取り扱う商品部門が増加する。

　どのような漆製品が商品として取り扱われていたのか、代価表を誌上登場順に概観する。まず、『時好』1908（明治41）年第6巻第1号で「履物之部」のみ漆製品が確認される。掲載商品は表3-4にまとめた。男物には漆塗りの商品はなく、女物と女児用にみられる。「履物之部」は『三越』1911（明治44）年第1巻第9号までほぼ毎号登場し、商品のラインナップは変わらない。

　次に、『時好』1908（明治41）年第6巻第5号で「美術工芸品」「日用食器類」に漆製品が確認される。「美術工芸品」は項目として絵画、陶器、七宝、蒔

---

33）落丁箇所は各大学図書館所蔵資料（CiNii Books）で補った。

表 3-4　代価表にみる部門ごとの商品（筆者作成、各初掲号より）

| | | |
|---|---|---|
| 履物之部 | 『時好』第 6 巻第 1 号明治 41（1908）年 –『時好』第 1 巻第 9 号明治 44（1911）年 | ［女物本南部表附塗物］黒艶消両剞形、黒二度塗両剞形、黒艶消三筋形、黒二度塗三筋形、黒艶消瓢形、黒二度塗瓢形、黒艶消瓢小町形、黒二度塗瓢小町形、黒艶都後歯形、黒二度塗都後歯形（1 円 50 銭より 6 円位）［女子供物本南部表附］蒔絵附六五両剞形、蒔絵附六寸両剞形、蒔絵附五五両剞形、蒔絵附六五小町形、蒔絵附六寸小町形、蒔絵附五五小町形、蒔絵附六五堀形、蒔絵附六寸堀形、蒔絵附五五堀形（1 円 50 銭より 5 円位） |
| 美術工芸品 | 『時好』第 6 巻第 5 号明治 41（1908）年 –『三越』第 1 巻第 1 号明治 44（1911）年 | ［蒔絵］書棚（130–140 円より）、巻莨入（30 円位より）、香盆（7 円位より）、菓子盆（4 円位より）、硯箱（40 円位より）［藍胎漆器］楕円盆（2 円 25 銭位より）、円盆（1 円 20 銭位より）、硯箱（6 円位より）、会席膳（1 枚に付 3 円 30 銭位より）、椀（1 箇に付 1 円 10 銭位より） |
| 日用食器類 | 『時好』第 6 巻第 5 号明治 41（1908）年 –『三越』第 1 巻第 1 号明治 44（1911）年 | 膳五人前（15 円位）、椀五人前（3 円 50 銭位より） |
| 小間物之部 | 『みつこしタイムス』10 月の巻明治 41（1908）年 –『みつこしタイムス』第 7 巻第 4 号明治 42（1909）年 | 和髪用櫛蒔絵（1 円 70 銭より 8 円位）、和髪用櫛笄蒔絵（2 円 50 銭より 35 円位） |
| 御婦人用髪飾之部 | 『みつこしタイムス』第 7 巻第 5 号明治 42（1908）年 –『三越』第 4 巻第 3 号大正 3（1914）年 | ［御丸髷用］蒔絵櫛笄（2 円 50 銭より 25 円位）、黒鼈甲台蒔絵ビン櫛（4 円より 10 円位）、張甲台蒔絵ビン櫛（1 円より 3 円位）、ゴム台蒔絵ビン櫛（35 銭より 80 銭位）［御簪之色々］黒甲台金蒔絵平打（1 円 50 銭より 5 円位）［束髪用御櫛］黒甲台蝶貝入蒔絵三枚櫛（15 円より 80 円位）、黒甲台蝶貝入蒔絵二枚櫛（10 円より 50 円位）、黒甲台蝶貝入蒔絵一枚櫛（6 円より 30 円位）、ゴム台蒔絵三枚櫛（4 円半より 7 円位）、ゴム台蒔絵二枚櫛（3 円より 5 円位）、ゴム台蒔絵一枚櫛（2 円より 3 円位）、黒鼈甲台蒔絵タボ櫛（8 円より 20 円位）、ゴム台蒔絵タボ櫛（1 円より 2 円半位）［束髪用御簪］青貝入蒔絵付（3 円半より 5 円位） |

絵、銅器、銀器がある。蒔絵の商品は表 3-4 にある通りである。「日用食器類」の商品は膳 5 人前、椀 5 人前、茶椀、吸物茶椀 5 人前、湯呑、番茶器 1 組、煎茶器 1 組、猪口、盃台、灰落、向附、盃洗、コーヒー茶碗半打の 13 点であるが、陶磁器製と共通する器種のため漆製品かどうかの判別が難しい。茶椀と吸物茶椀は次号から「碗」表記になるため、確実に漆製品と言えるのは膳、椀である。「美術工芸品」と「日用食器類」は『三越』1911（明治 44）年第 1 巻第 1 号までほぼ毎号登場し、商品のラインナップは大きく変わらない。ただし、「美術工芸品」は『みつこしタイムス』1910（明治 43）年第 8 巻第 10 号から項目に藍

胎漆器が追加されている。6号前の『みつこしタイムス』第8巻第4号で「當店特約販売の籃胎漆器解説」が特集されており、「工芸の理想と日常生活の必要とを一体に集め、趣味と実益とを一物に萃む。洵に是れ漆器界の明星」という評価が反映され、「美術工芸品」に追加されたと考えられる。

　最後に、『みつこしタイムス』1908（明治41）年10月の巻で「小間物之部」に漆製品が確認される。商品は表3-4にある通り、蒔絵の櫛と櫛笄である。髪飾りに関する商品は前述の蒔絵が施された2点を含めて7項目14点である。『みつこしタイムス』1909（明治42）年第7巻第5号では「小間物之部」から分化し「御婦人用髪飾之部」が新設され、6項目73点と取り扱う商品数が増加する。このうち漆製品は蒔絵が施された14点である。「御婦人用髪飾之部」は『三越』1914（大正3）年第4巻第3号までほぼ毎号登場し、項目や漆製品のラインナップは大きく変わらない。しかし、「御婦人用髪飾之部」全体でみると台がセルロイド製になったり、『三越』1913（大正2）年第3巻第11号から舶来品やリボン等が加わり109点になるなど、商品内容、商品数に大きな変化がみられる。

　以上のように、代価表からみる商品としての漆製品は①履物之部のみ、②履物之部、美術工芸品、日用食器類、③履物之部、美術工芸品、日用食器類、小間物之部、④履物之部、美術工芸品、日用食器類、御婦人用髪飾之部、⑤履物之部、御婦人用髪飾之部、⑥御婦人用髪飾之部のみへと6段階の変遷がみられる。しかし、これは漆製品の取り扱い部門や商品数が増減したのではなく、百貨店の販売戦略として販売を促進したい部門の選択であることを考慮しなくてはならない。むしろ、漆製品の商品内容と商品数に大きな変化がみられず、一定の需要を想定していたと考えられる。

　なお、代価表へ単発的に登場した漆製品として、『三越』1913（大正2）年第3巻第12号に「鞄及行李」の柳製服入鞄（漆塗り亜鉛線編み）が挙げられる。すでに『三越』1911（明治44）年第1巻第1号で三越の特製商品として紹介され、旅行の特集や、特に避暑旅行特集記事が組まれる8月に度々登場する。

## 4-2　特定の時節の商品

　前項でみた代価表の商品は通年同じである一方、記事本文をみると、前述の柳製服入鞄のように特定の時節に登場する商品がある。特定の時節とは歳暮

（12月）、年始（12月）、中元（7月）、七五三（11月）である<sup>34)</sup>。本項では時節ごとにどのような漆製品が商品として取り扱われていたのか概観する。

『みつこしタイムス』1908（明治41）年12月の巻の「御歳暮と御年始」に「元来歳末年始に限らず、いかなる場合の贈答でも、必ずや其贈るべき人の誠心及答ふべき人の誠心が籠つて居なければならぬので、かかる<u>贈答品こそ寧日本の美風</u>であらうと思ふ」〔下線筆者〕とし、「贈答品は時勢に伴ふべし」「三越は贈答品の宝庫」と謳っている。第3節の関口家の事例でみたように贈答習俗は近代でも継続し、贈答品は「時勢」を揃えた百貨店で買うものとなったのである。価格帯ごとにセレクトされた流行の商品が一覧で紹介されており、確認できた漆製品を表3-5にまとめた。1915（大正4）年以降、「御贈答品御案内」<sup>35)</sup>という小冊子ができたことにより誌上に商品一覧が掲載されなくなる。ただし、1918（大正7）年には部門ごとに流行の傾向や宣伝が書かれ、新美術品は「最も高尚な贈物の一つ」、和食器は「美術と実用を兼ねた御贈答品」「新年用食器陳列を同じ五階の南側に催しますので、その内から御選択になる御便利」と紹介されている。歳暮年始の贈答品としての漆製品は、髪飾りが中心であり、和食器が後に加わる。

『三越』1912（明治45）年第2巻第7号<sup>36)</sup>の「中元の御贈答品」は歳暮年始と同様に、価格帯ごとにセレクトされた商品が一覧で紹介されている。1916（大正5）年以降、歳暮年始と同様に「中元御贈答品御案内」<sup>37)</sup>という小冊子ができたことにより誌上に商品一覧が掲載されなくなる。また、1919（大正8）年になると、歳暮年始と同様に部門ごとに流行の傾向や宣伝が書かれ、例えば文房具部門では組合せ書幹箋桐拭漆乱箱入が「書幹箋御贈答品として先づ第一

---

34) 雛人形（2月）、五月人形（4月）の付属品に漆製品がみられるが、人形は漆製品ではないため除外した。

35) 『三越』1916（大正5）年第6巻第12号では「歳暮年始御贈答品案内」と表記。

36) 旬刊『みつこしタイムス』第4号（1908（明治41）年7月1日発行）では「中元の御進物は何品に御取極遊ばされ候や」に美術品がセレクトされ、漆器が挙げられている。『三越』1918（大正7）年第8巻第7号では「御盆のおつかひもの」として特集され、新美術品、日用食器類がセレクトされている。

37) 『三越』1919（大正8）年第9巻第7号では「中元御贈答品案内」と表記。

表 3-5　歳暮年始と中元の商品一覧（筆者作成）

| 歳暮年始 | | |
|---|---|---|
| 『みつこしタイムス』12 月の巻 | 1908（明治 41）年 | 鼈甲貝入蒔絵タボ止め（3 円 50 銭） |
| 『みつこしタイムス』第 8 巻第 13 号 | 1910（明治 43）年 | 蒔絵二枚櫛（2 円前後） |
| 『三越』第 1 巻第 11 号 | 1911（明治 44）年 | 張甲台蒔絵ビン櫛（80 銭より 1 円 50 銭）、束髪用蒔絵二枚櫛（2 円 50 銭位） |
| 『三越』第 2 巻第 13 号 | 1912（大正元）年 | 張甲台蒔絵ビン櫛（1 円より 3 円位）、束髪用蒔絵二枚櫛（2 円 50 銭位）、二枚櫛（9 円より 8-90 円）、美術工芸品（50 円前後より） |
| 『三越』第 3 巻第 12 号 | 1913（大正 2）年 | 藍胎漆器盆（80 銭より 5 円）、四方形竹蒔絵付菓子器（2 円 75 銭）、遠州好角切七宝蒔絵付手付菓子器（2 円）、貝金及蒔絵櫛笄黒張甲台（3 円より 9 円）、蒔絵付及貝入束髪簪（1 円より 8 円）、本甲台蒔絵入二枚櫛（7-8 円より 13 円）、黒甲台蒔絵入タボ揃（3 円より 8 円）、蒔絵硯箱（12 円位より）、蒔絵煙草入（3 円位より）、蒔絵菓子盆（4 円位より）、蒔絵手箱（4-50 円より）、蒔絵衣装盆（4-50 円より） |
| 『三越』第 4 巻第 12 号 | 1914（大正 3）年 | 南部表女下駄塗台（1 円 70 銭から 7 円） |
| 『三越』第 8 巻第 12 号 | 1918（大正 7）年 | 新美術品、和食器 |
| 『三越』第 9 巻第 12 号 | 1919（大正 8）年 | 四方張台蒔絵櫛（7 円 25 銭） |
| 『三越』第 11 巻第 12 号 | 1921（大正 10）年 | 和食器 |
| 中元 | | |
| 『三越』第 2 巻第 7 号 | 1912（明治 45）年 | 団扇（70 銭、1 円 20 銭）、絵行灯（3 円 10 銭）、美術品工芸品（50 円以上） |
| 『三越』第 3 巻第 7 号 | 1913（大正 2）年 | 一閑張文具ケース（1 円 20 銭より 1 円 50 銭）、蒔絵菓子盆（4 円より 8 円）、蒔絵手箱（8 円より 10 円）、蒔絵付御手箱（10 円より 17 円） |
| 『三越』第 4 巻第 7 号 | 1914（大正 3）年 | 蒔絵菓子盆（4 円より 8 円位）、蒔絵菓子器（4 円より 8 円位）、蒔絵手箱（8 円より 20 円位）、蒔絵付手箱（10 円より 20 円位）、蒔絵手箱（10 円より 20 円位） |
| 『三越』第 9 巻第 7 号 | 1919（大正 8）年 | 組合せ書幹箋桐拭漆乱箱入（5 円 40 銭） |

に指を屈しますもの」と写真つきで紹介されている。中元の贈答品としての漆製品は、文房具が多い傾向がみられる。

　七五三は『時好』から特集され、当初は御祝着のみの紹介であった。『みつこしタイムス』1910（明治 43）年第 8 巻第 12 号で「御祝着用雑貨」が取り上げられ、台に総蒔絵、蒔絵を施した女児用の下駄が 3 点（2 円 35 銭、1 円 80 銭、

1円90銭）ある。『三越』1911（明治44）年第1巻第10号では、7歳女児用に懸賞裾模様第一等の図案を総蒔絵にした「お祝用下駄」（2円45銭）が写真つきで紹介されている。さらに『三越』1912（大正元）年第2巻第12号に「お履物の蒔絵は本年特に當店図案部に於て考案しました」とあり、以降、七五三用の下駄は年々の流行に応じて塗り色や蒔絵の図案が変化していたことがわかる。

### 4-3 食器に関する陳列会

　前述の歳暮年始の贈答品で、和食器は「新年用食器陳列を同じ五階の南側に催しますので、その内から御選択になる御便利」とあった。このように三越の各部門で催し物として陳列会（陳列と表記されることもある）が開催され、食器に関する陳列会の記事において、漆製品の商品は最頻出である（表3-6）。なお、三越では西洋食器部門もあるが、本節の食器は和食器を指すものとする。

表3-6　食器に関する陳列会一覧（筆者作成）

| 1908（明治41）年 | 12月 | 光琳模様膳部 |
|---|---|---|
| 1910（明治43）年 | 12月 | 会席膳部新製品陳列会 |
| 1911（明治44）年 | 12月 | 膳椀茶碗食器類<br>新製品陳列 |
| 1912（大正元）年 | 11月 | 風流道具会 |
| | 12月 | 食器新製品陳列会 |
| 1913（大正2）年 | 11月 | 風流道具会 |
| | 12月 | 食器新製品陳列会 |
| 1914（大正3）年 | 4月 | 日用食器会 |
| | 11月 | 風流道具会 |
| | 12月 | 食器新製品陳列会 |
| 1915（大正4）年 | 11月 | 日用食器会 |
| | 12月 | 新年用食器陳列会 |
| 1916（大正5）年 | 12月 | 第3回新年用食器<br>陳列会 |
| 1917（大正6）年 | 12月 | 新年用食器陳列 |
| 1918（大正7）年 | 12月 | 新年用食器陳列 |
| 1919（大正8）年 | 12月 | 新年用食器陳列 |
| 1920（大正9）年 | 12月 | 新年用食器陳列 |
| 1921（大正10）年 | 12月 | 新年用食器陳列 |
| 1922（大正11）年 | 6月 | 日本食器陳列会 |
| 1923（大正12）年 | 3月 | 日用食器会 |

　食器に関する陳列会の嚆矢として、光琳式模様膳部が挙げられる。『みつこしタイムス』1908（明治41）年11月の巻で新美術部において光琳式模様膳部の製作を予告し、次号で「会席膳取揃一式五人前二十五円位より五十五円位までにして模様には種々奇抜なるもの有之候」と紹介されている。ちなみに、同年10月に三越の貴賓室である竹の間で光琳祭が行われ、光琳式新模様を懸賞募集している。明治30年代（1897-）以降、西欧から逆輸入された装飾美術の大家としての尾形光琳のブームに乗り、三越では呉服類を中心に江戸以来の光琳模様を復活させ［玉蟲 2014］、その範囲が食器にまで及んでいたことがわかる。一

連の顕彰的事業は光琳 200 年忌にあたる 1915（大正 4）年頃までみられる。

　食器に関する陳列会は共通して 12 月に開催されている。『みつこしタイムス』1910（明治 43）年第 8 巻第 12 号で「膳、椀、茶碗、皿、小鉢、屠蘇、組重、<u>正月の御膳部</u>に必要なるものは悉く相ととのへ、一堂に陳列御覧に入可申候」〔下線筆者〕、第 13 号で「<u>新年御客用</u>としての膳、椀、茶碗、皿、小鉢、屠蘇、組重等あらゆる必用なる品物を網羅せり」〔下線筆者〕とし、商品は清風與平、三浦竹泉、清水六兵衛などが賛助し製作したものである。さらに「品物には一々製作者の名を附し五客分宛に一纏めとして即売」、「出品地も京都を主として各名高き産地は余すことなく集められたれば、坐ながらにして日本全国の中の逸品を選択する事を得べし」と口絵写真でも紹介されている。さらに、1912（明治 45）年第 2 巻第 1 号に「<u>正月の客まうけ</u>としては欠くべからざる品々」〔下線筆者〕、「殊に膳、椀、茶碗、幾箇の皿小鉢等を一組としたる組膳は、比較的安価のものも多く最も好評なり」とある。これらの記述から食器に関する陳列会は正月の来客用に高名な大家が製作した京都産食器を一揃いで購入できる点、全国の生産地の商品を東京に居ながらに直接目で見て購入できる点、安価に購入できるものがある点が売りであったと考えられる。

　1915（大正 4）年から新年用食器陳列会と明確に「新年用」と銘打つようになる。さらに「五客一揃のものあれば、一客二客お好み次第の御選択も出来るものもございます」と、ニーズにあわせて必ずしも一揃いでなくとも購入できる点を記載するようになる。1916（大正 5）年第 6 巻第 12 号には、「歳の初めに御家族の食器を新たに遊ばすは大抵の御家庭の御吉例」と正月は来客用に食器を準備するだけでなく、日用の食器を新調する時節であると勧めている。さらに「此食器の御調進」とある。進物に薦める傾向は次年の 1917（大正 6）年第 7 巻第 12 号で明確となり、「御自分の御家庭用ばかりでなく、御贈答品としても至極適当なものが沢山ございます」と贈答品の選択肢に挙げている。1918（大正 7）年以降、新年用食器陳列を「當店の年中行事の一つ」と謳い、歳暮年始の贈答品としてだけではなく、季節性をもった陳列会のなかで時節の商品として扱われていくことがわかった。

　また、1913（大正 3）年、1914（大正 4）年の 2 回にわたって新美術部による日用食器会という会員制頒布会が行われている。「京都に名高き陶工漆工の誰

彼」[38] によって製作されたものである。漆製品は脇取、吸物椀、飯櫃杓子、会席膳が確認される[39]。さらに 1923（大正 12）年には和食器部による頒布会となり、陶器と漆器の 2 種に分かれ、それぞれ 6 ヶ月以内で集められるようになった。日用食器会は 1911–1914（大正 1–3）年の 3 回にわたって行われた風流道具会の好評を得て、日常の食器へ応用したものである。風流道具にも漆製品が含まれており、棚物、菱形菓子器盆、お座敷用でんがく器五客重、木皿、莨盆、お座敷用蒸籠が確認される[40]。

　神野［2015：146–164］によると、1935（昭和 10）年頃から各百貨店で、これまでの和洋折衷のインテリアを「国風」と称する新たな流行として紹介するようになる。しかし、漆や綴を駆使した和家具職人による洋家具は日本らしさを単純にモチーフとして取り込むパターンが多く、モダンデザインと和の融合というよりも大衆にとってわかりやすい「和」の表現になっていく。また、同時期に開催されていた和家具の展覧会には「国風」のインテリアに合う飾棚や照明、火鉢や莨盆などが展示され、風流道具や御座敷道具と同じ系譜のものであった。したがって、「国風」デザインは国粋的な気運だけではなく、風流趣味の大衆化との接点を見出すことができる。これは中間層の「良き趣味」[41] の指標として風流な江戸趣味が大きな影響を及ぼしたと指摘されている。江戸時代の文化に造詣のある趣味人・好事家の趣向が「国風」インテリア、和家具や風流道具という商品を通じて広まったといえるだろう。

## 4-4　新美術部の展覧会、その他の展覧会・陳列会

　前項で言及した「新美術部」とはどのような部門であろうか。三越の新美術部は 1907（明治 40）年 9 月 15 日に大阪店、12 月 1 日に東京の日本橋本店に開設され、現役作家の新作の展示販売を行った。東京では美術品を展示する機

---

38)『三越』1914（大正 3）年第 4 巻第 4 号。
39) 日用食器会第 1 期。
40) 風流道具会第 1 期。
41) 神野［1994］による。明治 40（1907）年前後の日本において、「趣味」(taste) はカントに代表される人間の内面に備わる美学的判断能力の意味で用いられた。経済活動の場ではものに備わった「おもむき」に近い意味で、品物を通して獲得できるものであった。

関が上野公園の竹之台陳列館と日本美術協会列品館に限られていたため、新美
術部が美術品の常設展示場としての役割をも果たした［初田 1999：182］。『時
好』1908（明治41）年第6巻第1号の「時好彙報　美術部の新設」の出陳一覧
に「浅井忠氏図案、杉 林 古香氏の漆器」とあり、和洋の絵画だけでなく漆器、
陶器、銅器などの工芸品も取り扱われていたことがわかる。さらに、『時好』
1908（明治41）年第6巻第4号では工芸品を「単に美術品として、骨董扱ひに
するものばかりを造らず、平常に使ふべき、茶碗、湯呑、皿、菓子器、楊枝立
にまで応用してゐるのである。これは畢竟美術的趣味の一般に普及されんこと
を望み切なるより出た事で、決して新規に利益を計る欲徳の沙汰ではないので
ある」〔下線筆者〕とし、新美術部が扱う商品は、単に家庭で鑑賞するだけでな
く生活の中で用いられるべきものという着眼点を開設当初からすでに持ってい
たと考えられる。前述の歳暮年始の商品、食器に関する陳列会や日用食器会は
その実現の一端であろう。
　表3-7 は、『三越美術部百年史』［三越 2009］と『時好』『みつこしタイムス』
『三越』から漆製品が確認できた新美術部の展覧会その他の展覧会・陳列会を
まとめたものである。表3-7 左列の作品の大部分は作家が特定でき、前述の杉
林古香や迎田 秋 悦、六角紫水、植松抱美、帝室技芸員 [42] の白山 松 哉などがみ
られる。注目すべき展覧会・陳列会は1913（大正2）年第4回美術及美術工芸
品展覧会の付帯事業として開催された諸国名産品陳列である。この先駆けとし
て、1911（明治44）年第2回美術及美術工芸品展覧会と同時に「諸国名産美術
品」が売り出されている。これは『三越』1911（明治44）年第1巻第10号に
「地方色の明かに示されて身を其土地に置く心地せらるるもの少なからず」〔下
線筆者〕と評されている。陳列された漆製品は1911（明治44）年が「出雲松江
の名産松皮棗（15円）」、1913（大正2）年が「山中の漆器、秋田の真慶塗」で
ある。都市以外の地方の手工芸品へ目を向けた民藝運動は大正時代末に始まる。
これは「近代化の流れにのみ込まれて消えつつあった、地方の手工芸品の保護、
存続を試みた」［金谷 1996：66］運動であった。さらに、民藝運動は展覧会の

---

42）帝室（皇室）による日本美術・工芸の保護、制作の奨励を目的として設けられた顕彰
　　制度。

**表 3-7　漆製品の出品が確認できた新美術部の展覧会、その他の展覧会・陳列会一覧**（筆者作成）

| | 『三越美術部百年史』より ※東京・日本橋本店開催のみ抽出 | | 『時好』、『みつこしタイムス』、『三越』より | |
|---|---|---|---|---|
| 1909（明治42）年 | | | 10月 | 時代風俗参考品陳列会○ |
| | | | 10月 | 第18回新柄陳列会 |
| 1910（明治43）年 | 10月 | 第1回美術及美術工芸品展覧会 | 3月 | 第2回児童博覧会三皇孫殿下御料の御玩具○ |
| 1911（明治44）年 | 10月 | 第2回美術及美術工芸品展覧会 | 3月 | 第3回児童博覧会○ |
| | | | 4月 | 関西図案陳列会 |
| | | | 10月 | 諸国名産美術品の販売★ |
| 1912（明治45）年 | | | 5月 | 第4回児童博覧会○ |
| 1912（大正元）年 | 10月 | 第3回美術及美術工芸品展覧会 | | |
| 1913（大正2）年 | 2月 | 現代大家小芸術品陳列会 | 4月 | 第5回児童博覧会明治天皇陛下御幼時御使用品○ |
| | 10月 | 第4回美術及美術工芸品展覧会 | 7月 | 故坪井博士追悼会陳列遺墨記念品○ |
| | 10月 | 諸国名物美術品展覧会（諸国名産品陳列）★ | 10月 | 江戸振髪飾及袋物陳列会 |
| | 11月 | 第2回小芸術品展覧会 | | |
| 1914（大正3）年 | 3月 | 諸大家餘技作品展覧会 | 11月 | 餘技作品展覧会 |
| | 10月 | 第1回日本美術院再興記念美術展覧会 | | |
| 1915（大正4）年 | 6月 | 光琳遺品展覧会○ | 3月 | 各地名産品陳列会★ |
| | 6月 | 江戸趣味展覧会○ | 7月 | 旅行に関する展覧会 |
| | 9月 | 第1回抹茶及煎茶器陳列会 | 12月 | 餘技作品展覧会 |
| | 10月 | 第2回美術展覧会 | | |
| | 11月 | 十五日会美術工芸品展覧会 | | |
| 1916（大正5）年 | 5月 | 三越工芸品展覧会 | 5月 | 第2回各地名産品陳列会★ |
| | 9月 | 第2回抹茶及煎茶器陳列会 | 11月 | 現代名家考案品展覧会 |
| | 10月 | 第3回美術展覧会 | | |
| 1917（大正6）年 | 5月 | 第2回三越工芸品展覧会 | 3月 | 小間物新製品陳列会 |
| | 9月 | 第3回抹茶及煎茶器陳列会 | 5月 | 東北名産品陳列会★ |
| | 10月 | 第4回美術展覧会 | 11月 | 第4回各地名産品陳列会★ |
| 1918（大正7）年 | 9月 | 第4回抹茶及煎茶器陳列会 | | |
| | 11月 | 漆芸会展覧会 | | |
| 1919（大正8）年 | 5月 | 泰真社中蒔絵展覧会 | 3月 | 第2回東北名産品陳列会★ |
| 1920（大正9）年 | | | 5月 | 家具新製品陳列 |
| 1921（大正10）年 | 9月 | 漆芸会作品展覧会 | 9月 | 第3回東北名産品陳列会★ |
| | | | 10月 | 京都漆器指物陳列会 |
| | | | 11月 | 石川県工芸品陳列会 |

表 3-7　漆製品の出品が確認できた新美術部の展覧会、その他の展覧会・陳列会一覧（続き）

| | | 『三越美術部百年史』より<br>※東京・日本橋本店開催のみ抽出 | 『時好』、『みつこしタイムス』、『三越』より |
|---|---|---|---|
| 1922（大正 11）年 | 3 月 | 三越工芸美術品展覧会 | |
| | 11 月 | 支那朝鮮工品品展覧会 | |
| | 12 月 | 漆芸会作品展覧会 | |
| 1923（大正 12）年 | 1 月 | 東台漆友会新作展覧会 | |
| | 2 月 | 漆芸協会作品展覧会 | |
| | 2 月 | 又玄会餘技作品展覧会 | |
| | 4 月 | 現代之図案工芸社工芸展覧会 | |

○鑑賞が主な展覧会　★名産美術品、名産品を陳列

　会場として百貨店を活用していた［濱田 2016：275］。しかし、前述の記事からすでに明治時代末の百貨店において地方へのまなざしが存在していたことがわかる。

　表 3-7 右列にみられる 1915（大正 4）年から始まる各地名産物陳列会は、前述の諸国名産品陳列と名称が似ているが、工芸品だけでなく食料品も陳列販売され、趣が大きく異なる。初回は県別に出品一覧が記されており、秋田、山形、福島、静岡、新潟、富山、石川、福井、滋賀、奈良、香川、福岡、沖縄から漆製品が出品された。1917（大正 6）年から始まる東北名産物陳列会は東北 6 県の産業全般の開発振興のため京浜、大阪の実業家団体によって企画され、こちらも工芸品だけでなく食料品も陳列販売された。「十分に都人士の嗜好賞翫に價するものも少なくない」と紹介され、非常に好評だったとみられる初回の様子は『三越』1917（大正 6）年第 7 巻第 3 号から第 6 号まで掲載された。青森県から「津軽塗」、秋田県から「能代塗」、福島県から「会津漆器」、山形県と岩手県からも「漆器」が出品された。陳列会は次第に特定の都道府県や特化した商品を扱うようになる。ここで諸国の名産と挙げられた漆製品は、現在においても各都道府県の名産品として挙げられるものである。

## 4-5　小　結

　以上のように、三越の機関雑誌から百貨店における商品としての漆製品が履物、髪飾り、鞄、文房具、食器、家具、美術工芸品と多岐にわたることが確認

できた。日本近代の百貨店の多くが呉服店から始まっており、呉服から取り扱い商品が拡大していく様相が、漆製品を通しても代価表の①〜⑥の変遷のようにみられた。

代価表に掲載されるものとは別に特定の時節に登場する商品があり、漆製品は歳暮（12月）、年始（12月）、中元（7月）、七五三（11月）に選択されている。これら特定の時節は前近代からの行事や習俗習慣に由来するものである。他に、三越によってつくられた「年中行事」である新年用食器陳列会に漆製品がみられた。

このように季節感を演出し、大々的にイベントとして取り上げることでイベントとセットにした商品が選択提示されていたことがわかった。これは都市の新しい中間層が簡単に「良い趣味」を得ることができるように、「百貨店はただ「何の商品を買うか」だけでなく、いつ、どのように購入するのか（しなければならないのか）という消費機会までも提供」［神野 2016：10］したことと同義と考えられる。

また、前述の光琳模様、和家具や風流道具が江戸趣味の影響を受けているなど、三越をはじめとする百貨店によって意図的につくられる流行には、前近代の文化を再発見・評価し、新たなイメージを付与して商品化するものがみられた。その中で漆製品は、神野［2015］の指摘するように「和」のイメージの創出に利用された。さらに、各地の名産品（漆製品を含む）を百貨店で扱うことで地方への興味関心を引き出した。後の民芸がもたらした「本来語り」[43]によって付与される「近世らしさ」や「地方らしさ」は都市生活者にとって新たな商品たらしめる重要なイメージ［濱田 2015：63］であると指摘されるように、地方は前近代を想起させるものであり、地方の再発見・評価につながった。それは同時に、近代に創出された新たな「地方らしさ」のイメージとともに商品として広く認識され、「近代化の流れにのみ込まれて消えつつあ」る［金谷 1996：66］ものでなくなったのである。

---

43）濱田［2015］による。モノの本来の用法を示す。「民藝運動は、モノを、その旧来の生産と使用の文脈から引き剥がし、近代的都市的生活のなかに新たな用法とともに持ち込んだ」。

## 5　おわりに

　最後に統計的にみた近代の漆製品の産地や生産額を示す。まず産地について、岩淵令治によると、1884（明治 17）年刊行の『興業意見』から 1878-1883（明治 11-16）年の平均年産額 142 万 4,970 円をもとに産出額 2 万円以上の府県を比較したところ、黒江塗の和歌山（25%）、輪島塗の石川（23%）、会津塗の福島（17%）、駿河塗の静岡（15%）で総生産額 80%を占めている［岩淵 2017：248-249］。次に生産額について、『紀州漆器のあゆみ』に掲載されている『興行意見』と農商務省・商工省統計[44]資料によると、全国の生産額は 1878（明治 11）年には 143 万 5,000 円であったが、1938（昭和 13）年には、4608 万 3,000円で漸進的に増加している［和歌山県漆器商工業協同組合創立 100 周年記念誌編集委員会 1986：45, 51］。

　ここでは前述のように近代の主要な生産地の一つであり、江戸時代以来、江戸、東京を主な市場としてきた会津漆器について、昭和初期までの様子を述べる。会津漆器の産地的特徴は多品種、大衆向きの製品、販売専業の商人問屋中心体制である。そのため、近代東京の都市生活の膨張や、大正−昭和初期の百貨店出現・普及による大衆消費の傾向と適合した［会津漆器協同組合連合・会津喜多方漆器商工協同組合 1984：136-137］。したがって、第 4 節の三越の食器に関する陳列会で具体的な生産地の記述は京都のみであったが、「各名高き産地」に会津は含まれていたであろう。

　戊辰戦争後、1881（明治 14）年 12 月の褒章条例による木盃の受注が契機となり、極平蒔絵技術の導入、鈴木式ロクロの発明がおこり生産基盤が強化された。さらに手挽きロクロの動力が 1886（明治 19）年に水力、1902（明治 35）年に電気動力へ移行するなど技術の変化が相次いだ。大正時代になると家具へ注目し、衣桁の生産が始まる。鈴木善九郎によって衣桁の木地生産が機械化され、全国市場の 70%を占めるまで普及した。1915（大正 4）年の即位御大典記念養老盃の受注を契機にゴム版蒔絵が発達した。ゴム版蒔絵は単に手書きの代替ではなく、ゴム版彫が職人の一つの部門になるまで高度な技術となった［高瀬 2003：

---

44）磯部嘉一［1946］に所収。

21]。このように近代において技術の変化、機械化が進んでもなお、全工程を機械化するのではなく、手作業を残した家内工業的な生産が行われていた。その考えは1926（大正15）年の『県立漆器木工試験場設立趣意書』にもあらわれており、市場をめぐる競争力強化のため大規模工業化を目指さず、小規模な家内工業的生産体制を維持しながら、廉価な小型機械の導入による効率化を願っていた［高瀬 2003］。

　近代的な生産 – 消費 – 流通システムは大量生産の商品だけでなく、他方で高級品の需要をもたらした。特に植松抱民に学んだ篠原運吉、白山松哉に学んだ津田憲二によって、蒔絵の技法を用いた優れた作品が生まれ、伝統派本蒔絵の手法を広めた［山内 1984：113］。

　以上、近代漆製品の主要な生産地である会津と会津漆器を例にみた。手工業や伝統的工芸といったイメージが強い漆製品であるが、その背景には近代に量産化し、大量消費されることで、都市を中心に全国的に認識され、生産地がブランド化したことが考えられる。近世における特産品と同様に、近代的な生産 – 消費 – 流通システムのなかでも漆製品とそれを取りまく漆文化は持続してきたのである。注目すべきは、近代の量産化が大規模工業化ではなく、機械化による家内工業的生産体制によってもたらされたことである。ただし、大量生産は近代になり新たに可能になったのではなく、中・近世以降、各生産地での技術革新によって既に行われており、近代の機械化で促進されたのである。

　本章第2節では『南関東の共有膳椀』データベースから東京都、神奈川県、埼玉県の都市近郊村落への膳椀の普及の様相をみた。明治時代の件数が多く、漆製品は主に近代に村落へ普及した。さらに江戸時代は南関東全体に事例がみられる、つまり面的に広がるのに対して、明治時代以降は各市町村内での件数が増えるという局所的な広がりをみせることが判明した。

　第3節では『関口日記』から関口家における漆製品の消費の様相をみた。江戸時代の記事数が多く、特に購入や贈答、修繕に関する記事が多かった。名主家である関口家では、漆製品は早い段階で普及していたと考えられる。一方、明治時代の記事に多いのは村内の講中掛金、講とは別の膳椀類の貸出であった。名主家での普及、また、村内で漆製品の消費、普及の拡大する具体的な様子が明らかになった。

　第4節では三越の機関雑誌『時好』『みつこしタイムス』『三越』から近代の都市の百貨店における商品としての漆製品の様相をみた。主に履物、美術工芸品、日用食器類、髪飾りに漆製品がみられた。さらに、これらは前近代からの行事や習俗習慣に由来する歳暮年始、中元、七五三のほか食器陳列会など、季節感を演出した百貨店のイベントとセットにした商品の中に選択提示されていた。また、各地名産物陳列会などで漆製品を含む地方の名産品が明治時代末の早い段階で取り扱われていたことがわかった。

　以上のように、日本における文化的持続可能性とは、近世から近代の漆製品を通してみる限り、都市と村落をめぐる文化の歴史のなかで交流しながら育まれ、再び発見され、再生産されるものであったと考える。ただし、古い時代のものを新しい時代にそのまま持ちこんだような単純な再生産ではない。また物質文化の視点からみると、文化が生まれた背景すなわち地域性は前近代的なものとして捨象されるのではなく、近代的、資本主義的な生産－流通－消費システムの中でそれを保持しながら新しいイメージを纏って「商品化」され、全国的に認識されることで生き残っていくと考える。このことは、本書のテーマである文化的持続可能性を考えるうえで歴史的な視座の必要性を示しているといえる。

　最後に、現代の漆（ウルシ）をめぐる状況をみておく。農林水産省の特用林産物生産統計調査「特用林産基礎資料」によると、漆[45]の国内生産量は、過去50年で最多の1980（昭和55）年の6,625kg（国内自給率1.5%）以降、微増減を繰り返しながら減少傾向にあった。しかし、最少の2014（平成26）年の

---

45）ここではウルシから採取された樹液を指す。現在、日本で使用される漆の95%以上は中国を主として、ベトナムやタイなどの外国産輸入漆である。中国産漆の輸入は前近代から行われており、馮［馮 2011］によると、江戸時代の日本の漆商人は長崎へ来航した中国商人に「唐漆」を求めた。

46）「特用林産物生産統計調査 確報 特用林産基礎資料」〈https://www.maff.go.jp/j/tokei/kouhyou/tokuyo_rinsan/（2022年6月25日閲覧）〉

47）文化庁は、2018年までに原則として国産漆のみを用いて国宝・重要文化財建造物の保存・修復を進める方向を通知した［文化庁 2015］。

48）「足寄町／足寄産の魅せる卓球台、ショーコート「SAN-EI MOTIF」」〈https://www.pref.hokkaido.lg.jp/ks/ssk/legacyhokkaido/story1/s003.html（2022年5月29日閲覧）〉

1,003kg（国内自給率2.3％）以降は増加し、最新の2020（令和2）年は2,051kgである[46]。これらは主に国宝・重要文化財（建造物）の保存修理[47]、漆器の製作に利用されている。国産漆、外国産輸入漆にはそれぞれ特性があり、用途に応じて利用されている。固定観念にとらわれることなく技術革新を重ねることで、漆は様々な素材に利用できる高い汎用性をみせている。例えば、2021（令和3）年に開催された東京オリンピック・パラリンピック競技大会の卓球競技で使用された卓球台の脚部の装飾に石川県の輪島塗が施された[48]。このような、従来漆が使われてこなかったものへの利用は、漆に新たなイメージを与えるものであろう。そして、これを可能にしているのは歴史的な技術であり、変化を伴うものである。故に漆は社会、経済体制の変化に耐えられず淘汰され消失するのではなく、新しい時代に対応し、持続していくのであろう。

## 【謝　　辞】

本プロジェクトを総括いただきました早稲田大学人間科学学術院・原知章先生、プロジェクトメンバーの皆様には多大なご意見・ご助言を賜りました。本章を執筆するにあたり早稲田大学人間科学学術院・谷川章雄先生には資料のご教示などご指導を賜りました。記して感謝の意を申し上げます。

## 【引用・参考文献】

会津漆器協同組合連合・会津喜多方漆器商工協同組合［1984］「会津漆器発展のあゆみ」
　　　『日本漆工会津漆器』日本漆工協会, pp. 136-137.

石井光太郎・内田四方蔵（編）［1971-1985］『関口日記第1〜23巻、別巻1〜3巻』横
　　　浜市文化財研究調査会

磯部嘉一［1946］『日本漆器工業論』有斐閣

岩淵令治（編）［2016］『国立歴史民俗博物館研究報告』197

岩淵令治［2017］「近世における漆器生産の広がりと流通」国立歴史民俗博物館（編）
　　　『URUSHI ふしぎ物語――人と漆の12000年史』国立歴史民俗博物館, pp. 248-252.

内田四方蔵［1987］「関口藤右衛門――庶民生活史の貴重資料『関口日記』を書す」三菱
　　　総合研究所地域開発部ほか（編）『人づくり風土記 聞き書きによる知恵シリーズ（14）
　　　ふるさとの人と知恵神奈川』農山漁村文化協会, pp. 256-262.

遠藤元男［1985］「産業政策史」『日本職人史の研究 I 日本職人史序説』雄山閣出版, pp.
　　　185-210.

大口勇次郎［1993］「「御殿伯母」関口千恵の生と死」横浜開港資料館・横浜近世史研究
　　　会（編）『日記が語る19世紀の横浜 関口日記と堤家文書』山川出版社, pp. 5-48.

大藪裕子［1999］「西多摩地域の共有膳椀」『南関東の共有膳椀』編集委員会（編）『南関

東の共有膳椀——ハレの食器をどうしていたか』関東民具研究会, pp. 18-19.

金谷美和［1996］「文化の消費——日本民芸運動の展示をめぐって」『人文学報』77: 63-97.

国立歴史民俗博物館・岩淵令治（編）［2014］『「江戸」の発見と商品化——大正期における三越の流行創出と消費文化』岩田書院

後藤宏樹［1996］「千代田区立歴史民俗資料館所蔵の一括院食器類について」千代田区教育委員会・千代田区立四番町歴史民俗資料館（編）『千代田区文化財調査報告書 8 千代田の民具Ⅲ——飲食器・調理用具』千代田区教育委員会・千代田区立四番町歴史民俗資料館, pp. 90-99.

佐々木達夫［1985］「物資の流れ——江戸の陶磁器」加藤晋平（編）『季刊考古学』13: 48-50.

神野由紀［1994］『趣味の誕生——百貨店がつくったテイスト』頸草書房

神野由紀［2015］『百貨店で〈趣味〉を買う——大衆消費文化の近代』吉川弘文館

神野由紀［2016］「消費における趣味の大衆化——百貨店における人形玩具趣味と風流趣味を例に」岩淵令治（編）『国立歴史民俗博物館研究報告』197, 9-48.

鈴木三男・能城修一・小林和貴・工藤雄一郎・鯵本眞友美・網谷克彦［2012］「鳥浜貝塚から出土したウルシ材の年代」『植生史研究』21（2）: 67-71.

須藤　護［1992］「漆椀の製作と民俗」江戸遺跡研究会（編）『江戸の食文化』吉川弘文館, pp. 16-179.

高瀬かづ子［2003］「明治維新とその後」会津若松市史研究会（編）『会津若松市史 16 文化編③漆器会津の漆器』会津若松市, pp. 20-22.

玉蟲敏子［2014］「三越における光琳戦略の意味——美術史の文脈から」国立歴史民俗博物館・岩淵令治（編）『「江戸」の発見と商品化——大正期における三越の流行創出と消費文化』岩田書院, pp. 79-107.

土屋礼子［1999］「百貨店発行の機関雑誌」山本武利・西沢　保（編）『百貨店の文化史——日本の消費革命』世界思想社, pp. 223-252.

都築由理子［2021］「近世江戸遺跡出土漆製品の集成」日高　薫・工藤雄一郎（編）『国立歴史民俗博物館研究報告』225, 189-234.

能城修一［2014］「縄文人は森をどのように利用したのか」工藤雄一郎・国立歴史民俗博物館（編）『ここまでわかった！縄文人の植物利用』新泉社, pp. 50-69.

初田　亨［1999］『百貨店の誕生』筑摩書房

濱田琢司［2015］「民具と民芸とモノの機能」『人類学研究所 研究論集』2: 56-68.

濱田琢司［2016］「工芸品消費の文化的諸相と百貨店——民芸運動とその周辺から」岩淵令治（編）『国立歴史民俗博物館研究報告』197: 265-294.

久木幸男・三田さゆり［1981］「19 世紀前半江戸近郊農村における女子教育の一研究——武州生麦村『関口日記』から」『横浜国立大学教育紀要』21: 67-94

馮赫陽［2011］「清末における中国漆の日本輸出について」『東アジア文化交渉研究』4: 447-465.

文化庁［2015］「国宝・重要文化財（建造物）保存修理における漆の使用方針について」平成 27 年 2 月 24 日付（26 庁財第 510 号）

前山　博［1990］『伊万里焼流通史の研究』誠文堂

三越呉服店［1908］『時好』第 6 巻第 1–5 号

三越呉服店［1908–1911］『みつこしタイムス』第 1–12 号、10 月の巻、11 月の巻、12 月
　　の巻、第 7 巻第 1–13 号、第 8 巻第 1–13 号、第 9 巻第 1–3 号

三越呉服店［1911–1923］『三越』第 1 巻第 1–11 号、第 2 巻第 1–13 号、第 3 巻第 1–12 号、
　　第 5 回児童博覧会記念号、第 4 巻第 1–12 号、第 5 巻第 1–12 号、第 6 巻第 1–12 号、
　　第 7 巻第 1–12 号、第 8 巻第 1–12 号、第 9 巻第 2–12 号、第 10 巻第 1–4 号、第 10 巻
　　6–12 号、第 11 巻第 1–12 号、増築記念号、第 12 巻第 1–12 号、第 13 巻第 1–8 号

三越本社（編）［2005］『株式会社三越 100 年の記録』株式会社三越

三越本社［2009］『三越美術部 100 年史』株式会社三越

『南関東の共有膳椀』編集委員会（編）［1999］『南関東の共有膳椀――ハレの食器をどう
　　していたか』関東民具研究会

森本伊知郎［2009］「『関口日記』にみる陶磁器の流通・購入・使用」『近世陶磁器の考古
　　学――出土遺物からみた生産と消費』雄山閣, pp. 268–278.

山内清司［1984］「蒔絵の流れ」『日本漆工 会津漆器』日本漆工協会, pp. 110–113.

山本武利・西沢　保（編）［1999］『百貨店の文化史――日本の消費革命』世界思想社

横浜開港資料館（編）［1986］『『名主日記』が語る幕末――武蔵国橘樹郡生麦村の関口家
　　と日記』横浜開港資料館

横浜近世史研究会［1998］「「関口日記」と生麦村」横浜開港資料館・横浜近世史研究会
　　（編）『日記が語る 19 世紀の横浜――関口日記と堤家文書』山川出版社, pp. 100–110.

四柳嘉章［2009］『漆の文化史』岩波書店

四柳嘉章［2018］「中世漆器の技術転換と社会の動向」『国立歴史民俗博物館研究報告』
　　210: 29–47.

レヴィ＝ストロース, C.／川田順造（訳）［2001］『悲しき熱帯 I』中央公論新社

和歌山県漆器商工業協同組合創立 100 周年記念誌編集委員会（編）［1986］『紀州漆器の
　　あゆみ』和歌山県漆器商工業協同組合

Dessein, J., K. Soini, G. Fairclough, & L. Horlings（eds）［2015］*Culture in, for and as
　　Sustainable Development: Conclusions from the COST Action IS1007 Investigating
　　Cultural Sustainability.* University of Jyväskylä.

Soini, K., & I. Birkeland［2014］Exploring the Scientific Discourse on Cultural
　　Sustainability. *Geoforum* 51: 213–223.

第4章

# 農業新規参入者2人のイキカタ
# に見る文化的持続可能性

経済・社会・環境という3本柱のバランスを考える

大澤　誠

 **はじめに**

### 1-1　本章の目的

　本章の目的は、2人の新規参入者[1]、川口宗一（仮名）と山田優人（仮名）の農業実践におけるワークスタイル、そして農業と共にあるライフスタイル（以下、イキカタ[2]）を、現代の日本社会における文化的持続可能性を追求する一例として紹介することである。彼らの現在のイキカタ、理想のイキカタは農業と共に成り立っている。その特徴は、現在の仕事環境を疑問視する価値観に基づいた持続可能な経済活動の選択と実践、科学の持つ安全神話を疑問視する価値観に基づいた食の安心安全の追求、そして経済格差を疑問視する価値観に基づいた自給自足への挑戦であると言えるだろう。2人の価値観に基づいた農のあるイキカタを、経済・社会・環境という持続可能性の3本柱（☞序章第2節）

---

1) 新規参入者とは、農家出身ではないが農業に参入した人のことである。農林水産省の集計によると、毎年3,000人前後が非農家出身で農業に参入している（各年の『新規就農者調査』参照）。

2) イキカタとは、ワークスタイルとライフスタイルの両方を合わせた筆者の造語である。ここでのワークスタイルとは何をどのように働くかを表し、ライフスタイルとは生活の質などを含め、どのような生活をどのように送るかを表す言葉である。ワークスタイルとライフスタイルの両方を総称してイキカタとする理由は、川口・山田をはじめとする新規参入者のワークスタイルとライフスタイルは関連しており、仕事と生活のスタイルの選択と実践は相互補完的な関係にあると言えるからである。それゆえに、それぞれを区別して分析するよりも、包括的にイキカタという1つの用語を使った方が分析をする際に有効であると考え、イキカタと総称する。そして、生き方などのような一般的に使われる用語と区別するために、片仮名で表記する。

のうち少なくとも一部を追求しているものと考えても良いのではないかということを、第2節と第3節で示すことが本章の前半の目的である。

　そして、第4節と第5節において川口、山田のイキカタの元になっている3つの価値観である仕事観、食の安心安全、そして経済格差を疑問視する価値観が、彼ら2人に特有のものではなく、現代の日本社会において共有された価値観の一部であること、つまり文化の一部であることを示す。Kroeber & Kluckhohn［1952］によれば、共有された価値観（values）とは文化の一部であると考えることが可能である。よって、川口と山田の持つこれらの価値観が現代日本社会において共有された価値観の一部であると示すことができれば、彼らの価値観とは文化の一部であるということが言えるであろう。第4節、第5節では、川口、山田それぞれのライフヒストリーを紐解き、彼らの価値観が共有された価値観の影響を受けながら構築される過程を振り返ることにより、共有された価値観の一部、つまり文化の一部であることを示す。そして、第2節から第4節を通して、川口と山田の農のあるイキカタとは持続可能性を追求した実践であり、その元になっている価値観とは共有された価値観、つまり文化の一部であることを示すことにより、彼らの農のあるイキカタは文化的持続可能性、つまり持続可能性の「土台としての文化」（☞序章）を追求する事例の一部であるということを示すのが本章の主たる目的である。

　また、あわせて検討したいのが川口と山田のイキカタの比較である。両者はともに2006年頃から本格的に農業に従事しはじめたが、2014年の時点で川口は農業経営を続けている一方で、山田は続けることができずに離農している。この点に注目すると、川口は経済活動を持続しており、山田は経済活動を持続できていないと言える。川口も山田も、過程としては、経済、社会、環境に配慮をしたイキカタを実践していたとしても、結果的に山田のイキカタは経済活動、つまり持続可能性の3本柱のうちの一本を持続させることに失敗した事例とも考えられる。つまり、文化的持続可能性の追求に失敗した例と考えることも可能であろう。彼ら2人の農のあるイキカタを比べることによって、文化的持続可能性を維持するための経済・環境・社会の3本柱のバランスについて考察を行うことも、本章の付随的な目的である。

## 1-2　研究手法ならびにインフォーマントの秘匿化

　本章は、筆者が2008年から2014年まで埼玉県宮代町ならびに東京都西部（図4-1, 2）で行った、新規参入者ならびに新規参入のための研修を行っている研修生24人へのライフヒストリーと、農業実践や生活実践に関しての半構造化インタビュー、そして参与観察から得られたデータをもとにしている［大澤2020］。本調査から得たデータは、質問項目ごとにインタビュー内容を整理し、その内容をインフォーマントと共に確認、修正する作業を複数回行っている。また、この確認作業とともに追加質問をすることにより、彼らの価値観、

図4-1　フィールドサイト：埼玉県宮代町（筆者作成）

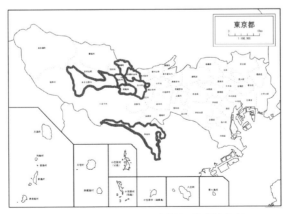

図4-2　フィールドサイト：東京都西部（筆者作成）

そしてイキカタに関しての筆者の解釈をより精緻なものにすることを試みている。なお、本章の中で特に断りがない限り、個人に関しての属性や農業形態などの可変的なデータは、2014年12月末までのものである。

なお、本章で注目する川口と山田に関してはプライバシーの保護のため、名前、そして団体名など、可能な限り秘匿化している。しかしながら、彼らがどこで農業をしているかは彼らの農業実践を描く際に重要な要素であるので、市町村名だけは実名を使用している。

### 1-3 川口と山田の農のあるイキカタに注目する理由

本章でインフォーマント24人の中から特に川口と山田の2人に注目する理由は、彼らのイキカタの中に経済・社会・環境の3本柱フレームワークを追求している傾向をより顕著に見ることができるからである。また、川口と山田は、同時期に農業を始めたがゆえに、年齢は異なるが時代背景を共有している部分が多く、比較をするのに適していると考えるからである。

最後に、農業にあまり関心のない読者の皆さんに申し上げたい。それは、川口と山田のイキカタとは、決して彼らのみが行うことができる特別なイキカタなのではないという点である。たしかに彼らの農のあるイキカタの一面は、農業をすることによって可能となっていることも含まれる。例えば、自分の生産物である野菜を通して食の大切さなどのメッセージを伝えていくなどの方法は、生産者のみができることである。しかし、野菜を生産していなくても、川口と山田がしているように、持続可能性の土台となる価値観に基づいたイキカタを選ぶことは可能なはずである。そのように思いながら読み進めていただければ、読者の皆さんが現在の生活環境の中で文化的持続可能性を追求する方法を考える際のヒントを見出せるのではないかと考える。

## 2 川口の農のあるイキカタと価値観

### 2-1 「事業」としての農業

川口は30代の新規参入者であり、研修（本章第4節参照）中から徐々に増やしたおおよそ1ヘクタールの農地で、キュウリ、トマト、さつまいも、葉物野

菜を中心に生産していた。市場出荷以外に自家消費もしているので、自分が好きな野菜を中心に生産していた。川口が、後述の山田と比較して顕著に異なるのは、農業を「事業」とみなしている点である。その点は、彼の農薬や化学肥料の使用、農業に対しての姿勢、販路の広げ方、そして宮代町で代々農業をしている人たちとの関係性において見ることができる。

　川口は、農薬や化学肥料を少量は使用しているが、使わないに越したことはないと考えていた。後述の山田のような近隣の新規参入者の影響を受けて、農薬・化学肥料の安全性を疑問視するようになったからである。自分が作った野菜は家族も食べるので、少しでも安心安全な方が良いと考えており、もし農薬・化学肥料の使用が食品の安全性を下げるのであれば、使用はしない方が良いと考えていた。しかし、同時に出荷できるような傷や曲がりの少ないA級品の生産物を作る必要があった。でなければ、生産物が売れずに、農業経営がたちいかなくなってしまうからである。その結果、必要最低限の農薬・化学肥料の使用に抑えることにしたのである。

　そして、川口は農業において、競争を重視していた。川口にとって、農業は自分の頑張りが収入に反映される点が魅力であった。そして他の生産者よりも良いものを作りたいと願っていた。マラソン競技をしていた頃からの習慣として、競争をしないと成長できず、そして競争と成長があることこそが人生の醍醐味であると考えていたからである。競争と成長がない人生は「楽な生き方」であると見做しており、そのような生き方はしたくないと考えていた。他の生産者よりも優れた野菜の生産を目指すことによって、自分の農業、そして自分自身が成長できると信じていたのである。

　また、川口は自身の生産物の販路の拡大、しいては農業収入を増やすことに余念がなかった。川口の販路は、近隣のスーパー、町営の直売所（図4-3）、そして自分のさつまいもを加工、販売している町内の和菓子店が中心であった。近隣のスーパーでは、町内の新規参入者と研修生からなるグループで共有の出荷棚を確保しており、店までの搬送と、野菜を棚に並べる作業をグループのメンバーで交代で行なっていた。川口の農業からの売上は、毎年おおよそ400万円台であった。そして、経費が約300万円かかっているので、収入は最高でも200万円であった。町の第三セクターが作業を受託している農地での作業や、

**図 4-3　山田、川口などの新規参入者たちが販売をする埼玉県宮代町の直売所**
(2011 年 9 月 27 日筆者撮影)

農業イベントの講師などをして収入の補填をしていた時期もあったが、研修期間も含めて 10 年ほど経った頃から農業収入だけで生計を立てる方法が見えてきたという。しかしながら 10 年間農業を続けていることが原因で連作障害[3]が発生しており、今の形態で農業を続けているとこれ以上の収入の増加が見込めない状況になっていた。そこで、その 1 つの解決策として、地元の和菓子店に生産物を加工してもらい、6 次産業化[4]の可能性を模索していた。もし、6 次産業化が軌道に乗りそうであれば、自分で機材を用意し、自身の生産物の加工、販売までを行うことも視野に入れていた。

## 2-2 「ストレスが少ない仕事」としての農業

川口にとって農業とは、「事業」であると同時に、「ストレスが少ない仕事」

---

3) 連作障害とは、同じ農地で同じ作物を作り続けることによって、農地から特定の養分が減り、収穫量が減少する問題である。
4) 6 次産業化とは、生産者が農林水産業という一次産業にだけ関わるのではなく、加工などの製造業（二次産業）、流通、販売などのサービス業（三次産業）の全てに従事することによって、一次産業従事者が住む農林漁村に産業を作り出し、農林漁村を豊かにして行こうという発想に基づく概念で、農業経済学者である今村奈良臣によって提唱されたものである［農林水産省 2012］。農林水産省の表記の仕方に倣い、算用数字で表記している。

であった。自分のペースでこだわり通りに作業でき、好きな自然の中で働くことができるからである。

　川口には、苗の植え方のように、農作業において貫きたいこだわりの方法があった。もし雇ったアルバイトが自分が思った通りの方法で作業をしてくれないとすると、最初から全部自分でやり直したいと思っていた。それゆえ、アルバイトは雇えず、自分1人で全ての作業をすることになるのである。そして、自分1人で作業ができるように、自分の目が届くだけの面積の農地を借りていた[5]。また、1人で作業をすることを前提として機材も揃えていたのである。その農業をする機材に関しては、特にこだわりはなく、町内の元農家から無料、もしくは安価で譲り受けていた。このように、機材へのこだわりはほとんどないが、自分1人で好きなように作業ができる環境作りへのこだわりは強かった。

　また川口は農業を仕事にすることで、前職の倉庫管理の仕事の時に実現することができなかった自分なりの時間管理を可能としていた。結婚前の2009年頃は年中無休のスーパーに納品していたので、冬の間も何かを作っており、完全な休日は、年に2、3日くらいであった。しかし結婚後には、自分の生産している野菜の栽培に適さない1月から4月の時期には休みを取り、家族との時間を作っていた。逆に、5月から11月の繁忙期には、日の出前から働き始め、日没後も出荷準備などの作業を続ける日が多々あった。このように、メリハリを

---

5) 川口をはじめとする新規参入者の多くが利用権設定により、主に町内の遊休農地を借りている。利用権設定とは、農地法に基づく農地の貸し借りと異なり、農地の貸し手に有利な制度である。農地法に基づく農地の貸し借りにおいては、戦前の地主が有利な制度が見直され、借り手を保護するために最長50年間という長期にわたり農地が借りられるようになっている。しかしながら、このような方法でしか農地を貸すことができないとなると、後継者のいない農家では自分の農地をなかなか貸したがらずに、遊休農地であるにもかかわらず貸し渋りが起こってしまう。そのような状況を鑑み、遊休農地を減らすために、1993年に制定された農業経営基盤強化促進法によって、農地を貸す期間が短く設定できるように制度設計を見直したのである。
　また、遊休農地は、耕作放棄地とも呼ばれる。しばらく使われておらず、水捌けがよくないなどの条件が悪い土地も少なくない。宮代町の町役場では、遊休農地の面積を減らしていきたいと考えており、新規参入者に利用を薦めている。しかし、新規参入者も自分の生活がかかっているので、条件の悪い土地であった場合には、すぐに交換してもらうなどの措置をとっている。

つけて仕事をすることが可能になったのは、自分1人で働くことが可能な環境を作っているからである。

　また、川口がストレスを減らすことができるもう1つの要因は、農業に転職したことによって人間関係を自分の好むように調整できるようになったことである。川口は、人と積極的に交流する性格であった。宮代町の新規参入者の中では比較的古参になるので、後発の新規参入者の相談にのることも多かった。結婚後、夜間は家にいることが多くなったが、結婚前は他の新規参入者、そして自身が副会長を務め、既存農家や地元の商工業者も加入している宮代町青年会のメンバーと食事に出かけることも多かった。また、宮代町で事業をしている他業種の経営者たちとも積極的に関わり、彼らから経営に関するアドバイスをもらっていた。そして、その経営者の集まりで知り合った地元選出の政治家を積極的に応援し、結婚を機に新築した家もこの集まりで知り合った建築士に設計をしてもらった。このように、移住先である宮代町のネットワークに、積極的に関わっていたのである。

　しかしながら近隣の農家との関わりにはあまり積極的ではなく、農地を貸してくれている数人の農家と挨拶をするくらいで、自治会、消防団などにも入っていなかった。特に、自分の農業経営に不利益をもたらすと考えられた既存農家とは、距離を置いていた。川口は宮代町から融資を受けており、一部のビニールハウスの建設資金の50％に割り充てていた[6]。このことを知った地元の既存農家や町営直売所の関係者から、町から建築資金の50％を借りているのならば、直売所に生産量の50％は出荷するように、つまり町にもっと貢献するようにと圧力をかけられたことがあった。しかしながら、直売所で販売をするということは、低価格で出荷している他の農家の販売額に合わせなければならなくなる。よって、自身の農業経営が成り立たなくなる可能性が高まってしまうので、直売所への出荷はなるべく見合わせるようにしたいと川口は思っていた。

　なぜ直売所では低価格で販売をする必要があるのかといえば、出荷している

---

6) それ以外にも、都道府県から認定就農者だけが無利子で借りることのできる就農支援資金を利用して、ビニールハウス2棟建設、そしてトラクターを購入していた。

**図 4-4　川口やその他の新規参入者たちが農協の販売会で販売をしている風景**
（2014 年 12 月 13 日筆者撮影）

地元農家のほとんどが高齢の年金受給者で、年金だけで生活出来る人たちがほとんどだからである。高齢の出荷者は安い値段設定にして、自分の野菜を売り切ってしまいたいと考えている。売れ残りがあると自分で引き取りにいく必要があり、手間だからである。このような理由で、少額の現金収入だけしか必要のない高齢の地元農家は、売り切れるくらいに値段を安く設定する。直売所のお客さんは安い製品を購入する傾向にあるので、新規参入者たちも、自分の野菜を売るために高齢の農家に合わせて安い値段設定にせざるを得なくなるのである。その旨を直売所の関係者に訴えても、高齢の地元農家に気兼ねして、なんら対策が打たれないのが現実であった。

　このような圧力を受けても、川口は積極的に抵抗することはなく、ただただ距離を置くことで対処していた。話を聞きはするが、聞き流していたのである。しかし、町役場からの全ての依頼に距離をおいているわけではなかった。例えば、秋祭りや新興住宅地の販売促進会のような町主催のイベントに参加して野菜を売ることによって、イベントの集客に貢献していた（図4-4）。このようなことを加味すると、川口は絶対的に儲けを優先しているわけではなかった。しかし、それでも損になることによって自分の農業経営に悪影響を与えるような要因からは、距離を置いていたと言える。

　もう1つストレスを感じずに済む要因として、好きな自然の中で仕事がで

きるという面も大きかった。後述するが、川口は農業参入前から自然が好きで、趣味もアウトドアであった。こうした肯定的な自然観が川口が農業を始める要因の１つであったのだが、その自然観は農業参入後も変わらなかった。農業参入後は、サラリーマンの時よりも忙しくなり、田園風景に浸ることも、趣味のサーフィンやバーベキュー、そしてジョギングをする時間さえもなかったという。しかしながら、屋外で働いていると倉庫で働いていた時よりも四季の移り変わりを身近に感じながら生きることができ、忙しいながらも「人間的な生活」が可能になっていると感じていた。また、四季の変化を感じることができる生活をしていることによって、「心が豊かになった気がする」とも述べていた。同時に、自然状況によって生産量が増減し農業経営に影響が出るので、自然の持つ「厳しさ」や天候に左右される「無力感」も感じていた。しかし、そのような自然の厳しさに直面しながらも、自然の中で働いている方が「精神的には豊かだ」と思っていた。

　また、川口が前職である倉庫での仕事を辞めたいと思うようになったのは、自分の仕事が自然破壊に加担しているかもしれないと考えたためでもあった。例えば、川口は、倉庫では毎日段ボールが山のように廃棄される状況を憂えていた。その廃棄される段ボールを見ながら、自分が自然環境によくない影響を与えている歯車の一部になってしまっていることが「憂鬱」であった。川口は、農業を始める前から地球温暖化防止に関心があり、普段の生活でできることをしていこうと考えていた。例えば、使わないコンセントは全て抜くことによって待機電力を節約し、出来るだけ自転車で移動し、コンビニエンスストアで買い物をする時にも、レジ袋をもらわないようにしていた。このようなことが社会的に実践されるようになる前から実践していたのである。そして川口は、このような行動を誰に広めようとするわけでもなく、自分１人でコツコツと行なっていた。仲間を集めて集団で行うのではなく、個人的に続ける方が、苦もなく長い期間続けることができるのではないかと考えていたからである。このような理由が、倉庫での仕事が嫌だと思った割合の「何十％か」を占めていた。環境破壊の歯車の一部でなくなることが、川口にとってのストレスからの解放の一部だったのである。

## 2-3　小　　結

　川口にとって農のあるイキカタとは、好きな自然の中で、自分の好ましい
ペースと環境を整えることによってストレスを極力感じることなくイキルこと
であった。そして、農業はそのようなストレスのないイキカタを実現するため
の手段であるがゆえに、そのイキカタを維持すべく農業を「事業」として行い、
利潤を出し持続的に働けるようにしていたのである。川口の価値観においては、
自分のペースで仕事をすること、そして環境保全を実践していくことが重要で
ある。川口は、このような仕事観、自然観が阻害されることにストレスを感じ、
そのようなストレスから距離を置くために、農のあるイキカタを選択したので
ある。川口の農のあるイキカタでは、そのイキカタを通して、次年度以降もそ
のイキカタを維持することを視野に入れていた。農のあるイキカタを続けてい
くには、農業経営を維持するためのお金が必要である。例えば、種や苗の購入
資金、そして生活を維持するためのお金を得ることによって、農のあるイキカ
タを維持できるのである。川口は、このような維持をすることをもそのイキカ
タの中に含めることによって、農業からイキカタを維持していくだけの十分な
収入を得ることにも注視していたのである。そのために、6次産業化などを検
討していたのであると言える。

## 3　山田の農のあるイキカタと価値観

### 3-1　「安心安全な食を提供する手段」としての農業

　山田は40代の新規参入者であり、前述の川口同様、宮代町の研修制度を利用
して農業技術を学び、2006年9月から本格的に農業を始めた。利用権設定をし
て借りている農地4アール全てで害虫を自分で探し出して、足で踏み潰して駆
除するという作業を延々と行なっていた。農地面積は狭いが、一人で無農薬・
無化学肥料栽培で行うにはこれくらいの広さが限界である。そして化学肥料を
使用しない代わりに、購入した鶏糞と自分で集めた落ち葉を混ぜて堆肥を作っ
ていた。また、苗づくりをする際の苗床も、自分で入手した稲のわらともみ殻、
そして自分で集めてきた落ち葉で作っていた。それ以外にも、市場に出荷する
ことができないようなB級品を廃棄する代わりに親戚や知り合いに配ること

によって、食べられる野菜の廃棄を減らしていた。

　山田は農薬や化学肥料を使用せずに栽培された野菜こそ「安心安全」であると考えていた。その根底には、現代の科学で安心安全とされている基準への不信感がある。しかしながら、このように強い信念を持ち、手間暇をかけて無農薬・無化学肥料で栽培しているにもかかわらず、山田の収入は、新規参入者の中でも非常に少ない部類に属していた。ここでは具体的な額は伏せるが、前職の収入よりも大幅に減っていることはおろか、農業からの収入だけで生活をしていくのは厳しい状況であった。山田の収入が少ないのは、前述のように手間をかけて生産した野菜を、無農薬・無化学肥料栽培の野菜として正当な価格で売ることができないからである。山田が出荷をしていた宮代町周辺の小売店には、無農薬・無化学肥料で栽培された野菜の値打ちを評価して、相応の値段で買ってくれる店が少なくともインタビュー当時は無かった。唯一、山田たち新規参入者の生産物を地産地消の商品として扱っているスーパーだけは、山田の野菜を他の店より高値で買ってくれていた。しかしそこでも農薬や化学肥料を使用して比較的効率よく生産している地元の野菜と同じ値段で売らざるを得ず、結果として山田の努力に見合うような額では買い取ってもらえなかったのである。しかしながら、山田の農法は、手作業が多くなるがゆえに今以上に生産量を増やすことはできなかった。それゆえに、利益も少なく、生産量も増やせないので、農業収入だけでは生活ができないような状況になってしまっていたのである。一方、東京で新規参入したインフォーマントたちの野菜は、無農薬・無化学肥料で栽培された野菜を好んで販売している小売店、ファーマーズ・マーケット、レストランにおいて、農薬や化学肥料を使用して栽培した野菜よりも高値で売買されている。もし山田が東京に販路を持っていたり、東京で農業参入していたりしたのなら、農業収入を上げることができ、後述のように経営状況を理由に離農しなければならない状況に陥る可能性は減らせたのではなかろうか。

　野菜は自分でつくったものを食べるが、それ以外にも出費はかさんだ。2人の子どもの高校までの学費は農業参入前に準備をしていたが、自分が生産していない米や魚や肉の購入、そして子どもの学費以外の教育費や家賃の支払いなどで現金が必要になる。それゆえに、農業収入だけでは賄えない出費を補填するために、前職の時に貯めた貯金を切り崩したり、アルバイトをしたり、妻に

パートに出てもらうことによって現金収入を得ていた。山田自身は、農閑期に
宅急便の荷物の仕分けのアルバイトを午前2時から6時まで行なっていた。し
かし山田は個人事業主なので、副業である仕分けのアルバイト勤務時間は週に
20時間以下になるようにする必要があった。それゆえに、アルバイトからの収
入にも限界があった。また、山田は結婚した時に、妻は専業主婦になるという
約束だったので、パートに出てもらわなければならないような状況を「はがゆ
く」思っていた。しかし、そのような状況でも草取りなどを手伝ってくれる妻
に「感謝をしてい」た。

　山田にとって、農業の悩みは深いのだけれども、ストレスは無かった。そし
て、体力的にはきついけれども、行きたくないとは思わない仕事であった。ス
トレスにならないのは、前職と違って「嫌なことをしていない」からである。
売り上げが増えないプレッシャーはあるけれども、それは悩みであってストレ
スではないと山田は話していた。彼にとって、解決策の思いつく問題はストレ
スにはならない。挑戦して、その結果を良きにつけ悪しきにつけ受け入れて、
改善のために使えば、どうにかなるのではないかと考えていたのである。

　そして山田は、川口と異なり農業において競争をしようと考えていなかった。
より多くの人に自身の生産物を食べて欲しいと思ってはいたが、一番美味しい
と思われたい、もしくは一番売り上げをあげたいと思って農業をしているわけ
ではなかったのである。山田は、自分の作ったものを食べてくれる人に、食べ
物を大事にして欲しい、そして「命をいただく」ことの意味を感じて欲しいと
思っていた。そして、納得のいく生産物を作り、自分の生産物の作り方である
無農薬・無化学肥料栽培や、食の大切さというメッセージに納得して買ってく
れる人たちに浅くでも良いから、広く届けたいと考えていた。このような理念
に基づいて農業をしているがゆえに、時間に追われるような仕事の仕方はせず
に、朝は早くから作業をするが、夏の暑い時間は家で極力休むようにしていた。
そして、農業を始めたことにより夕飯を家族で一緒に食べることができるよう
になり、夜も家族と一緒に過ごす時間が増えたことに喜びを感じていた。

## 3-2　「自給自足のイキカタを実現」するための農業

　山田は将来的に、自給自足の生活をしたいと考えていた。彼が思い描く自給

自足の生活とは、自分の農地を中心とした生活圏の中で、農業を含めた生活の全てをやりくりすることである。例えば鶏を飼って鶏の餌に自分の作った野菜のくずをあげ、そして鶏糞を堆肥として使い、卵も食べて、卵が産めなくなった鶏の肉は食用にすることである [7]。そして、生産する野菜の種を前年の生産物から採取する自家採種をしたいと考えていた [8]。また、家庭で使用する分は含まないが、少なくとも自分の農園で使う電気だけは用水路などを利用した水力発電で賄いたいと考えていた。このように、山田は自分の生活圏の中で「循環」させて経済活動の全てを行うことを理想としていた。

　山田がこのような自給自足のイキカタに憧れるのは、自給自足をすることができれば、経済的な資本量の格差が意味をなさないイキカタの範を示すことができるのではないかと考えているからであった。彼は、ニューヨークを中心に2011年から始まったオキュパイ・ムーブメント [9] の影響を受け、1人が金持ちで、99人が貧乏という社会は「おかしい」と信じていた。そして、そのような経済の不均衡を是正するためには、自分の食べるものやエネルギーなどの生きて行くために必要なものを自分で作ることができれば、資本主義社会においてそれと交換をするための貨幣の価値の意味が薄れ、結果として資産量の違いがあまり意味を持たないイキカタができるのではないかと考えていたのである。それゆえに、自給自足のイキカタの可能性を自分で実践してみせることによって、その可能性を示したいと思っていたのである。

　しかしながら、山田は自分の自給自足への意気込み、そして経済的な不平等を疑問視する視点を誰かに強く訴えかけようと思っているわけではなかった。

---

7）山田は、この肉を食べると言う行為を「命を頂く」と表現している。

8）通常の農業では、F1種という種苗店から購入した種を使用する。このF1種とは、収穫をした際に収集した種を翌年蒔いてもうまく育つことがない一代限りの品種である。このように一代のみであるが、しかし病気などに強く安定した収穫を見込めるので、多くの農家が使用している。このように、一般的には毎年種を種苗店から購入して栽培を行うのである。しかしながら、F1種ではなく種を採れる品種を栽培すれば、次の年の種を自分で採取することができる。それにより、種も自分の農園から集めることができ、山田が理想とする「循環型」のイキカタが完成に近づくのである。

9）オキュパイ・ムーブメントとは、ニューヨークのウォール街で始まった運動で、富の分配の不公平に関して疑問を持つ人びとが行っているデモ活動である。Graeber［2013］に詳細が記載されている。

彼は、自分の考え方を自分で実践してみせはするが、決して他人に無理強いを
しようとは思っていなかった。自分の実践を見て賛同する人が、山田のような
方法もあるのだなと感じてくれれば良いとだけ思っていたのである。

## 3-3　山田の離農

　しかし、山田は2014年3月に7年半続けた農業経営を辞めることになっ
た。きっかけとなったのは、国民健康保険の支払いができなくなったことであ
る。このような状況になるまで、誰にも相談できなかった。町役場の担当者に
相談しなかったのは、自分は町民ではないので頼りたくないと考えたからであ
る。自身の理念である無農薬・無化学肥料栽培、そして自給自足のための実験
を続けたがために、経済的な利潤の確保に失敗し、農業経営に回す資金にも事
欠き、自分の生活さえも維持できない結果に陥ってしまったのである。山田自
身は、離農した後でも、自分が農薬、化学肥料を使用して農業したのでは「農
業をしている意味がない」と思っているので、無農薬・無化学肥料で栽培をし
たことへの後悔はない。しかし、50歳を超えてからの転職は困難を極め、筆者
が山田の離農直後にインタビューをした時には、昼と夜アルバイトをして、自
分と妻の生活費を賄っている状況であった。

## 3-4　小　　結

　山田の農のあるイキカタとは、家族に「安心安全」な食を提供するために無
農薬・無化学肥料栽培で生産し、自身の持つ経済的不平等を疑問視する価値観
に基づき自給自足の実験を続けることであった。そして、川口同様に、山田に
とっても農のあるイキカタとは、自分の理念を実践できているという意味にお
いて、ストレスのないイキカタなのであると言える。しかしながら、無農薬・
無化学肥料栽培と、自給自足の実験へのこだわりの結果、農業経営で利潤を得
ることができず、結果として経済活動を持続することが不可能となってしまっ
たのである。

# ４ 川口の価値観の構築過程

## 4-1 川口が農業に関心を持つまで：仕事のストレス

　では、川口はどうして前述のようなストレスのない仕事を望み、その実現のために転職をしたのであろうか。本節では川口のライフヒストリーを元に、川口が農のあるイキカタをストレスが少ない生活として選択、実現するまでの過程を振り返る。

　1970年代中頃に、埼玉県南部で生まれた川口は、父はサラリーマン、母はパートタイマーという家庭環境で育った。幼少期に農業に触れた経験はほとんどなく、農地を見た経験さえもなかった。家族の中で唯一農業に関係があったのは母方の祖父母であったが、農地を貸しているだけで自分達で農作業をしているわけではなかったので、川口自身は子どもの時に農業に触れ合う機会はほとんど無かった。中学で始めた長距離走に高校では本格的に取り組み、大学は箱根駅伝の常連校を受験した。しかしながら、受験に失敗し進路に迷っていたとき、在籍していた高校陸上部にスポーツ用品を納品していた業者の紹介で、卒業間近にスポーツメーカーへの就職が決まった。

　スポーツメーカー入社当初に所属していたスポーツ用品製造部門での仕事は、幼少期から関心のあったものづくりに通じる部分が大きく、やりがいを感じながら働くことができた。しかし入社6年目で異動になった配送センターでの倉庫管理の仕事は、ものづくりとも異なり、また同僚の非効率的で、残業を前提としているような仕事のペースが合わずに、ストレスを感じるようになった。自分一人で仕事を終わらせて先に帰るわけにはいかず、同僚にペースを合わせざるを得ない状態がストレスになっていたのである。このような中で、自然に関係し、小さい頃から関心のあったものづくりに通じる農業を仕事にしてみたいと思うようになったのである。

　自然に関わる仕事に就きたいと思うようになったきっかけは、マラソンや、趣味のバーベキュー、サーフィンをしている時に、田園風景を見て癒された経験であった。広い田園風景を見ていると「爽快感」を感じ、自然の中ならば同僚に仕事のペースを合わせて我慢しストレスを感じるような「つまらない人間関係」に左右されずに仕事をしていけるのではないかと考えるようになったの

である。また、農業とは食べ物を作る仕事なので、子どもの頃から関心のあったものづくりの一種であるという点も、農業が気に入った理由であった。「人間は食べずして生きていけない」ので、「〔食べ物を作っている〕農業は、〔ものづくりの中でも〕最も原始的で、最も重要な職業である」と考え、農業に関心を持つようになったのである。

### 4-2　川口が農業参入に踏み切ったきっかけ：体力と年齢

しかし、20代前半に農業を始めなかったのは、在籍していたスポーツメーカーが、川口にとって最も重要なマラソン競技を続けやすい環境であったからである。例えばレースがある日は平日でも休みが取れ、レース出場を最優先することが可能な会社であった。それゆえに、仕事内容や非効率な仕事態度にストレスを感じつつも、その後おおよそ5年間会社に在籍し続けた。この頃はマラソン競技が続けられる環境を維持するためだけに倉庫業務に従事していたのであるが、前述のように仕事内容や仕事環境にはまったく納得がいかずに、ストレスから鬱のような状態になっていたと川口は当時の自分を振り返っている。しかし30歳を間近にし、マラソン競技のタイムが伸び悩むようになると、マラソン競技からの引退を考えるようになる。それと同時に、マラソン競技を続けるためだけに我慢していた職場で定年退職するまで働き続けるのは不可能だという思いが強まった。そして、20代前半に持っていた農業への「憧れ」を思い出し、会社を辞めて農業を仕事にしようと考えるようになったのである。

マラソン競技からの引退以外にも、30歳を前にして転職を考えたのには、当時流布していた転職に関しての言説の影響もあった。というのも、川口は以前転職情報誌などに度々掲載されていた「転職をするのならば30歳まで」と主張する記事をよく目にしていた。その結果、30歳から10年間農業を頑張って失敗したとしてもまだ40歳なので、そこからならばやり直しも効くかもしれないと思い、ちょうど今が転職をして新しいことに挑戦する転機であると考えるようになった。

こうして、川口は29歳の時に11年間勤めたスポーツメーカーを退職した。この時点で、500万円ほどの貯金があり、後の農業研修中などの収入が少ない時の補填、そして研修終了後に本格的に農業を始める際の資金とした。川口は、

退職をする前に情報収集などの準備は全くしなかった。自分の性格上、色々と調べると二の足を踏んでしまうかもしれないと思ったからである。

退職してから最初にした就農準備は、実家がある埼玉県草加市の週末農業体験イベントへの参加であった。それ以外にも、仕事を辞めた直後の2003年4月に開催された新・農業人フェアに参加した。そこでは、Iターン、Uターンという言葉とともに、「インターンシップで農業をやりませんか」という募集広告をよく見かけたと、川口は振り返っている。川口自身は、そこで紹介された茨城県にある農業大学校主催の1週間泊まり込みの農業体験講習会に、6月に参加した。そして、その講習会での農業体験を楽しむことができ、同時に農業を仕事としていけそうだと思えたので、研修ができる施設を探すために7月の新・農業人フェアに参加した。7月のフェアには埼玉県のブースがあり、埼玉県内の市町村の農業研修に関しての情報収集を行なった。その中にあった宮代町での研修ならば、学費を払う必要もなく研修中も生産物を売ることで収入を得ることができると案内された。実際に農業をすることによって、農業における自分の可能性を試すことができるのではないかと考え、2003年9月から2006年8月までの3年間、宮代町での研修を受け、2006年9月に認定就農者[10]になった。

川口が受けた宮代町の研修制度は2003年4月に設立された宮代町の事業で、通常、毎年2、3人を採用している。研修の内容は、講義を聞いて学ぶ座学と、実際に栽培と販売をする実習とに分かれている。この研修を3年間受けた後に、宮代町農業委員会より認定就農者に認定され、宮代町内で農業を始めることとなった。

研修を始めた当初は、農業をすれば「晴耕雨読」とか、「のんびり」とした生活ができると思っていたが、いざ始めてみると現実は「働いてばかり」いたそうである。しかし、研修を続けていくうちに農業を仕事として続けていけると

---

10) 認定就農者とは、農業の経営計画を提出することにより、市町村の農業委員会によって農業従事者として認定された人のことである。認定就農者になることにより、非農家出身の新規参入者は、仕事として農業を行う権利、具体的には農地を借りる権利、もしくは農業経営者だけが受けることができる補助金や貸与制度に応募する権利を得ることになる。

いう思いを強くし、最終的に仕事にする決断をしたのである。

## 4-3　川口の仕事観と、共有された仕事観との関係

　このように、川口が農のあるイキカタを選んだのは、川口が前職において同僚の仕事の効率や仕事内容にストレスを感じるようになったことが主な理由であったと言える。川口は、倉庫内での作業に嫌気が差し、屋外でできる仕事がいいと思うようになった。また、非効率に作業をする同僚の存在に嫌気が差し、自分1人で作業ができる環境を構築するために農業を始めた。そして子どもの時から持っていたものづくりへのこだわりが、川口の農作業へのこだわりの中によく現れていたと言える。このように、川口は自分がストレスを感じる環境から距離を置くために農業をしていたと言える。では、ストレスを感じない仕事への転職を希求するような川口の仕事観とは、川口にのみ特有のものなのであろうか。以下では、川口、山田それぞれが農業への転職を考えるようになった2000年前後のストレスと仕事観の関係について論じる。

　厚生労働省の労働者健康状況調査によると、職場において何らかのストレスを感じている雇用者の割合は、1997年の62.8%を最大として、その後調査が行われた2002年、2007年、2012年においても60%前後を占めている［厚生労働省 1997, 2002, 2007, 2012］。そして、特に2002年の労働者健康状況調査に注目すると、複数回答で答えられているストレスの原因は、仕事の質の問題が30.2%、仕事の量の問題が32.3%、職場の人間関係の問題が35.1%といずれも高い数値を示している。

　このような状況を受け、国も対策の必要性に迫られる。2006年に中央労働災害防止協会がまとめた『平成17年度 職場におけるメンタルヘルス対策のあり方検討委員会報告書』によると、雇用者の自殺者数が1998年以降増え続けたことを受け、2000年には「事業場における労働者の心の健康づくりのための指針」を公表、そして2011年には長時間働くような労働者を主な対象とした精神的な健康状態を守るための措置として労働衛生安全法の改正がなされている。このように、ストレス対策のための労働環境の整備を国が中心となって行っている。

　また、ワーク・ライフ・バランスという言説が出現したのも、この頃である。日本のアカデミアにおいてワーク・ライフ・バランスという言葉が使われ出し

たのは 2002 年頃である［筒井 2019］。また、日本におけるワーク・ライフ・バランスは働き方改革の一環として論じられることが多く、2007 年には政労使三者間の合意による「仕事と生活の調和に関する憲章」が策定され、長時間労働の是正と家庭生活の充実の達成を同時に行うことが目標とされている［武石 2011］。このような 2 つの動きを見ても、2000 年前後の職場環境におけるストレスと、それに基づく職場環境の見直しが取り沙汰されていることがわかる。

　このように、職場におけるストレスや、それに対処するための諸々の盛り上がりと相まって、バブル経済崩壊後の終身雇用制の崩壊によって流布していた転職に関する肯定的な言説の高まりも、川口、山田の農業への転職を後押ししていたと言える。1990 年代後半における経済停滞期の所得への不満によって仕事への満足感が低下している一方で、心の豊かさを求める傾向が以前にも増して高まっていると言われている［厚生労働省 2008］。また 1990 年代前半のバブル経済の崩壊に伴い、日本型雇用制度の要の 1 つである終身雇用制の維持が難しくなってきたことを受けて、日本社会における雇用形態は、転職を前提としたキャリアパスの必要性が高まっていた。そのような社会状況の影響を受け、川口と山田は転職に向けての垣根が低く感じられるような状況にいたと言える。実際に川口、山田ともに当時の新・農業人フェアにおいて I ターンや U ターン、そして転職を促すような言説に溢れていたと振り返っている。川口はこうした当時の転職に関する言説の影響を受けて、30 歳までに転職をしようと思うようになったと言える。また、山田が友人に対して農業に転職する決意を話したときに、自由な感じがして素晴らしいと羨ましがられたという。必ずしも転職を考えていない人にとっても、よりよい働き方を目指す転職は肯定的に捉えられ、憧れの対象となりえたのではなかろうか。このように、自分の好むイキカタを選ぼうという共有された価値観の高まっている社会状況の中で川口と山田は、農業への新規参入をしていると言える。

## 5 山田の価値観の構築過程

### 5-1 山田が農業に関心を持つまで：食の安心安全
　山田は、食の安心安全を重視する価値観に基づき無農薬・無化学肥料栽培を

行い、経済的な不平等を疑問視することによって自給自足を理想のイキカタとしていた。では、このようなイキカタを選択するようになった背景を、ライフヒストリーから紐解きたい。

　山田は、1960 年代中頃に埼玉県中部で生まれ、父親はサラリーマン、母親は専業主婦という家庭に育った。大学は教育学部特殊教育課程で学び、大学卒業後は埼玉県岩槻市（現：さいたま市岩槻区）の知的障害児入所施設で教員として働いていた。母方の実家は農家だが、山田自身は全く農業に関わったことはなく、中学生くらいから将来は教職につきたいと考えており、その夢を叶えた形となっている。

　山田が農業に関心を持ったのは、1996 年の長女誕生に際して、食品に含まれる農薬や化学肥料が気になるようになったからである。妻が長女を妊娠している間に育児を学ぼうと思い、医師の毛利子来が執筆、編集をしている『ひとりひとりのお産と育児の本 改訂版』や月刊誌の『ちいさい・おおきい・よわい・つよい』を読む。そしてこれらの書籍で育児法以外にも、ワクチン接種や農薬、化学肥料の使用を疑問視する考え方に触れることになった。それをきっかけに、生まれてくる子どもには農薬や化学肥料の使われていない「安心安全」な食品を食べさせたいと思うようになったのである。当初は自然食品として店頭で販売されている野菜を購入していた。しかし、市販の自然食品が果たして本当に農薬や化学肥料が使われていないのかどうか不安になるようになり、自分で栽培しようと思い立った。自分で作れば、農薬、化学肥料の使用の有無がわかるからである。そのような経緯を経て、1996 年から 1998 年まで自宅の近くで約20㎡の家庭菜園を借り、野菜栽培を始めるに至る。

## 5-2　山田が農業参入に踏み切ったきっかけ：
### 　　前職の児童福祉業界への構造的な問題点への不満

　この当時の家庭菜園での野菜作りは全くの趣味であり、当時の仕事の「気分転換」でしかなかった。しかしながら、当時勤務していた知的障害児入所施設における教員の仕事には、行き詰まりを感じていた。知的障害児入所施設が抱える加齢児問題[11] に対して、歯がゆい思いをしていたからである。山田は、入所者が 30 代、40 代になっても 18 歳以下の障害児用の施設で 18 歳以下の入所

者と同じ「子どもがするような作業」をしなければならない状況に疑問を持っていた。30代、40代になったら、その年齢相応の「大人としての楽しみ」を経験して欲しいと考え、様々な工夫を試みた。しかしながら、集団の施設であるが故に、なかなかきめ細やかな対応をすることは出来なかった。また、この施設では畑作業もしているのだが、入所者は農作物の成長の意味がわかっておらず、単純作業をたださせているような状況であった。そのような状況を、山田は「人間的であるとは思え」なかった。それゆえに、障害児福祉に関わる以外の、1人でも自分の理念を叶えることができる仕事がしたいと思うようになり、障害児福祉以外の業種への転職を考えるようになった。そのような時に、趣味で続けていた農業を仕事にできないかと考えるようになったのである。

　農業を仕事にしようと思い立った1999年から2000年頃、農業技術を学ぼうと野菜の収穫イベントに参加しはじめる。また、そのかたわらで新規参入者の体験談や、有機栽培で農業をしている人の手記を読んで情報収集をしていた。その後、2003年7月に開催された新・農業人フェアに参加し、埼玉県でもいくつかの市町村が、農家出身ではなくても就農支援をしてくれることを知り、宮代町での農業研修を考えるようになった。宮代町を選んだのは、当時住んでいた岩槻市から近いので転居をする必要がないこと、農作業用の機械を貸してくれること、そして山田自身関心が無かった米作りをしなくてもよかったことが主たる理由であった。有機農法が盛んな小川町にも関心があったが、引っ越しをしなければいけなかったので、家族への負担を考え諦めた。このようにして、宮代町での農業研修を受講することを決断し、川口同様2003年9月から3年間、農業研修を受けることになった。

11) 知的障害児入所施設の入所者は、18歳を過ぎると、大人用の施設に移ることになっている。しかしながら、近隣の大人用の施設の定員がいっぱいで、移動することができない問題が各地で発生している。このような状態を指して加齢児問題、もしくは過齢児問題と呼ぶ［厚生労働省社会・援護局 障害保健福祉部障害福祉課障害児・発達障害者支援室 2020］。大人用の施設定員に空きができ移動した時に困らないように、児童用の施設で作業訓練を続けているのが実情である。

## 5-3　山田の価値観と、共有された価値観との関係1：食の安心安全

　このように農業と全く関係のない非農家出身である山田が無農薬・無化学肥料栽培で農業を始めたのは、科学の基準に基づく農薬・化学肥料の安全性を疑問視し、食の安心安全に関心を持つようになったからである。また、自給自足のイキカタに関心を持つようになったのは、オキュパイ・ムーブメントの影響を受けて経済的な格差を疑問視するようになったからである。では、山田の持つこのような価値観とは、山田にのみ特有のものなのであろうか。

　まず第一に食の安心安全に関してである。日本における食の安心安全への関心が高まった1つのきっかけは、1950年代からのイタイイタイ病、水俣病などの公害による食品汚染であると言える。大きな流れとしては、食の安全性に対する不安の高まりをきっかけに有機農業研究会（現：日本有機農業研究会）が1971年に設立され、生産者のなかに食品に含まれる人工物を疑問視する視点が芽生え始めた[12]。それと同時に有機農法の生産者と、有機農法の生産物を手に入れたいと考える消費者との繋がりを作るために「提携」という組織が1971年に設立された［Nishiyama & Kimura 2005］。この「提携」の設立は、食の安全性への関心が、生産者だけではなく、消費者の間にも広まっていることを示している。このような中、1980年代に増加する輸入農産物の中に含まれる残存農薬の問題や1996年の遺伝子組み換え作物の栽培の開始、そして2000年代の食品偽装問題やBSE問題や輸入食物への残留農薬問題などにより、食の安心安全への関心がますます高まった［秋吉・増子 2009］。このような状況を受けて、1990年代後半には、輸送する距離を短くすることによって新鮮で農薬の使用が少なくて済む野菜を消費者に届けようと考える地産地消という概念が広まった［Nishiyama & Kimura 2005］。このように、近代農業とは立場を異にする代替

---

12)　それ以前にも、自然農法を提唱した福岡正信や岡田茂吉など、有機農業の前例となるような農法は日本にも存在していた［小口 2015］。福岡正信が提唱した自然農法とは、農地を耕さず（不耕起）、除草をせず（無農薬）、農薬を与えず（無農薬）、肥料も与えない（無肥料）と言う手法である。基本的には自然環境の中に種を植え、実がなれば収穫するのである。人間が手をつけなくても、自然環境では実がなるので、人間は極力手を加えないで自然の摂理に則って生産をすることをモットーとしている［木村 2012］。岡田茂吉が提唱した自然農法とは、農薬と肥料を与えない農法である［MOA自然農法文化事業団 n.d.］。岡田が設立した世界救世教の主要な教義の1つとされている。

的な農業が出現し、社会的認知度が高まると、「有機農法」「有機野菜」と銘打たれた農産物が市場に溢れるようになり、「有機」の基準を示すことが求められるようになった。このような動きの中で、2000 年に「有機農産物と有機農産物加工食品の日本農林規格」（通称、有機 JAS 規格）が制定され、日本国内での「有機」の基準が示されることになった。また、2003 年には食品安全基本法が成立し、食の安心安全を確保するための体制が整えられた。この頃から、スーパーマーケットや直売所のような小売店では、生産者の顔の見える農作物という意味で、生産者の名前と顔写真が貼られるようになる。誰が作っているのかを明らかにし、食品のトレーサビリティーを高めるような工夫がなされるようになったのである。

　このように、食の安心安全への意識が再燃しているのが、山田が食の安心安全に興味を持つようになった 1990 年代後半から 2000 年代初頭の状況である。山田も家族に安心安全な食べ物を提供したいという思いを持つようになり、当時普及していた有機農法を始めとする代替的な農法を勉強し、自分なりの答えを見つけようとした。その 1 つの答えが、鶏糞を使った堆肥造りや農薬を使用せず人力で害虫駆除をする農法だったのである。そして、そのような農法を実現することを可能とする社会的背景の存在も無視できない。例えば、鶏糞はヤマギシ会という無農薬・無化学肥料で野菜を生産、販売している組織から購入している。また、無農薬での栽培方法に関しても、図書館に揃っていた本を借りて勉強をしたと述べている。このように、山田の考える「安心安全」な食の生産が実現できたのは、山田以外にも食の安心安全に関心を持ち実践している多様なアクターの存在があったことも見過ごすことはできない。

### 5-4　山田の価値観と、共有された価値観との関係２：経済格差への社会的関心

　山田が影響を受けた２つ目の価値観である経済的な不平等への関心の高まりは、2005 年頃からの「格差社会論」の出現によって１つの契機を迎えていると言える [橋本 2008]。このような格差社会論が社会的に広まった背景には、バブル経済崩壊後の 1990 年代以降、若者の非正規雇用の増大と、過剰な労働環境に悩まされる正規雇用層の出現などのような雇用環境の変化があげられる。また、雇用不安以外にも、かつての日本社会において強い影響力を持っていた学

歴偏重と大企業への就職を成功と考える風潮に取って代わる人生観が見出されなかったことも、日本社会を不安定化させている一因であるといえる。このような日本社会を、アン・アリソンは「不安定化する日本（precarious Japan）」と評している［Allison 2013］。そのような不安定化した社会への１つの答えとして、山田は自分で農業をすることを選択した。彼にとって、農業とは地に根を張って生きていく生業であり、不安定な社会において安定を求められる拠り所となっているのである。

　経済的な格差を無意味化するために帰農、つまり自然に帰れという思想は、山田が直接言及しているわけではないが、塩見直紀［2003］が主張する「半農半Ｘ」にも見ることができる。半農半Ｘとは、まず自分の時間を半分に分け、それぞれ農業をする時間と、それ以外のしたいこと、もしくは天職と考える仕事に従事する時間にあてる。そして、農業をすることによって自分の食料を自給すれば、残りの半分の時間で好きなことをしても良いという考え方である。自分の食べ物を自分で確保したうえで、あとは自分の好きなことをして人生を豊かに生きていこうという主張である。この発想の根底にも、自分の食べるものを確保するというのは、経済的な自由が保障される手段の１つであるという考え方がある。自分の食べ物さえ確保すれば、食べるためだけにお金を稼ぐ嫌な仕事をしなくてもよくて、半Ｘで好きなことをすれば良いと考えられているのである。ここでも、農業とは自分の食べ物を確保することによって、無理な仕事をしなくてもよくなるという意味で、自分の経済的な自由を補償する手段とされているのである。

　山田は、自給自足をして食べ物を確保することによって、経済的な格差に意味がなくなると信じていた。その考え方には多少飛躍があるのかもしれないが、しかし格差の問題を疑問視し、そしてその解決法を見つけ出そうと自問自答しているのは確かである。

## 6 おわりに

　本章では川口と山田それぞれのイキカタ、そして彼らのイキカタを支える価値観とその価値観が構築される過程、そして彼らの価値観の構築過程の中に垣

間見える日本社会において共有された価値観の影響を考察してきた。川口の農のあるイキカタとは、ストレスを感じることのないイキカタ、つまり少なくとも川口にとっては持続可能な働き方であり、持続可能な経済活動であると言い換えることができる。また川口は、彼なりの方法ではあるが、継続し続けることができるという意味での持続可能な環境保全を、個人の努力で実践している。また、社会を自身が生きるコミュニティと捉えると、町役場主催の販売促進会に参加することによって、宮代町に農業を通して貢献をしているといえる。このように、経済・社会・環境という持続可能性の3本柱フレームワークを、農のあるイキカタを通して追求しようとしている。

　一方、山田の農のあるイキカタとは、反科学的な価値観に基づき食の安心安全を重視したうえで、無農薬・無化学肥料での栽培を行なっている。そして、経済的な不平等を疑問視する視点に基づいて、一矢報いるようなモデルを示したいと考えて自給自足のイキカタを実現する実験をしている。経済的な不平等を疑問視する視点、そしてその視点に基づき社会に範を示したいと考えながら経済活動を行なっている。そして、環境保全に貢献しようとして行なっているわけではないが、結果として農薬や化学肥料を使わないことによって、土壌汚染につながらないような農業を行なっていると言える。このように、山田の農のあるイキカタも、経済・社会・環境という持続可能性の3本柱フレームワークの実現を追求している実践であると言うことができる。

　そして、第4節、第5節を通して考察したように、川口と山田の農のあるイキカタを支える価値観である持続可能な働き方への希求、食の安心安全への関心、経済格差を疑問視する姿勢とは、決して川口、山田に特有のものではなく、川口、山田が農のあるイキカタを選択する過程で、日本社会において共有された価値観の一部であると言える。本章の序論でも論じた通り、共有された価値観を文化の定義の一部に含めるとすれば、川口、山田の農のあるイキカタを支える価値観とは、現代日本社会の価値観の一部であると言えるのではなかろうか。そして、価値観を文化の一部であると考えるのであれば、川口、山田の農のあるイキカタとは、現代日本社会における持続可能性の土台となる文化、つまり文化的持続可能性を追求する努力の一形態と言えるのではなかろうか。

　少なくとも川口と山田の2人は、伝統的な農業や農村文化、そして1961年に

制定された農業基本法の制定に伴って始まった農業近代化の過程で生まれてきた農薬、化学肥料を使用する慣行農法などを受け継いでいこうという意識は薄いと言える。また、それと同時に、Embree［1939］やSmith［1981］の描く農家、もしくはDore［1958］の描くその後の日本社会の近代化の中で生まれてきた商工業者を主とした中間層、もしくはVogel［1971］が描くようなサラリーマンを主とした新中間層 13) や、Ogasawara［1998］が描くその家族のような今までの日本社会の既存のワークスタイル、ライフスタイルとは異なるイキカタを追求していると言える。そして、川口や山田のような代替的なイキカタをするために農業を始める例は、アメリカ、フランス、スペインなどにおいても見受けられるように、日本社会だけの現象ではなく、後期資本主義社会と分類できるような社会においても出現している現象であると言える［Halfacree 2007］。

　彼らが農のあるイキカタを選ぶことによって実現しようとしている目標は、現状の環境問題を問題視したり、将来の家族の健康を考えたりという面において脱物質主義的 14) であると言える。田園風景の中に懐かしさを感じる懐古主義的な目的で農のあるイキカタを選んだのではなく、現在、そして将来を見据えた志向に基づいていると言える。それゆえに、一見、農業という伝統的な産業、そして農村への回帰を志向していると考えられがちな新規参入者の存在と価値観が、実はその逆であり、実に現代・未来志向であり、そして現代の社会問題である経済成長の問題を考える際に適した事例であると筆者は考える［大澤 2020］。

　最後に、川口と山田の農のあるイキカタの比較をすることによって本章を閉じたいと思う。本文中でも述べたとおり、川口は2014年12月の時点では農業を続けているが、山田は農業を続けることができなかった。山田と川口や筆

---

13)　新中間層とは、1960年代以降に出現した、自分は生産手段を持たずに、会社や官庁に雇用され事務職や管理職、教職などに従事する人たちのことを指す。この言葉の語源となっている中間層とは、中流階級と同義で、マルクス経済学によればブルジョアジーとプロレタリアートの間に存在し、中小工業者や自営農民、職人や独立自衛の専門職のことを指すとされていた［Vogel 1971］。

14)　脱物質主義とは、Inglehart［1977］によって提唱された学術用語である。1960年代後半以降、発達した資本主義を持つ国々では、物質的な豊かさではなく、それよりも精神的な豊かさを求める価値観が広まっていると主張している。

者のその他の調査対象者と比べると、明らかに1つ言えることがある。それは、既に本章をお読みの読者の皆さんはお気づきかもしれないが、山田は農業から利益を上げることをそれほど重視していないのである。その結果、自分の農のあるイキカタを持続させることができていない。言い換えれば持続可能性の3本柱のうち、社会や環境への関心は高いが、その関心とバランスをとる形で経済活動ができていないと言うことができる。このような意味では、社会・環境への関心が高すぎたがゆえに、もう1つの柱である経済を持続できなかった例と言える。それゆえに、川口と山田を比較すると、文化的持続可能性をより持続可能なものとするには、全く同じようなバランスをとる必要はないであろうが、しかしどれか1つの柱が大きく欠けてしまうと、他の柱も実現することができなくなってしまうと言える。それゆえに、3本柱のバランス感覚が必要であり、そのバランスをどのような割合で取るのが良いのかを今後の研究の課題とする必要があるのではなかろうかという問題提起をすることによって、本章の結語としたい。

## 【引用・参考文献】

秋津元輝［1993］「農業にとびこむ人たち——新規参入農業者の生活と農業観」『三重大学生物資源紀要』9: 37–48.

秋津元輝［2002］「多様化する農業者のかたち」桝潟俊子・松村和則（編）『食・農・からだの社会学』新曜社, pp. 124–141.

秋吉祐子・増子隆子［2009］「食の安全における政策的取り組みに関する一考察——日本、アメリカ、EU、中国の事例において」『MACRO REVIEW』22(1): 3–11.

MOA自然農法文化事業団［n.d.］「Q&A自然農法って？」〈https://moaagri.or.jp/faq（2022年4月14日閲覧）〉

大澤　誠［2020］『非農家出身者のエスノグラフィ——願望（desire）と環境（milieu）の多様で多層的な交錯』早稲田大学文学研究科博士学位論文

小口広太［2015］「有機農業のこれまで・いま・これから——改めて「地域」の視座から考える」『PRIME』38: 37–50.

木村武史［2012］「自然農法の思想——福岡正信の場合」『筑波大学地域研究』33: 53–70.

厚生労働省［1997］『平成9年労働者健康状況調査』

厚生労働省［2002］『平成14年労働者健康状況調査』

厚生労働省［2007］『平成19年労働者健康状況調査』

厚生労働省［2008］『平成20年版　労働経済の分析——働く人の意識と雇用管理の動向』

厚生労働省［2012］『平成24年労働者健康状況調査』

厚生労働省社会・援護局 障害保健福祉部障害福祉課障害児・発達障害者支援室［2020］「障害児入所施設における18歳以上入所者（いわゆる「過齢児」）の移行について」〈https://www.mhlw.go.jp/content/12601000/000683879.pdf（2022年4月19日閲覧）〉

塩見直紀［2003］『半農半Xという生き方』ソニー・マガジンズ

ジャパンマシニスト社『ちいさい・おおきい・よわい・つよい』

高木　学［2000］「「離都向村」の社会学――Iターンに見る過疎地域と都市の相互作用」『ソシオロジ』44(3): 3–20.

武石恵美子［2011］「ワーク・ライフ・バランスを実現する働き方改革と職場マネジメントの課題」『生涯学習とキャリアデザイン』8: 19–32.

中央労働災害防止協会［2006］『平成17年度 職場におけるメンタルヘルス対策のあり方検討委員会報告書』〈https://www.mhlw.go.jp/houdou/2006/03/dl/h0331-1a.pdf（2022年6月29日閲覧）〉

筒井淳也［2019］「社会学におけるワーク・ライフ・バランス――「ライフ」概念の多義性を巡って」『大原社会問題研究所雑誌』723: 4–16.

統計数理研究所 国民性調査委員会［2018］『日本人の国民性調査 第14次調査』〈https://www.ism.ac.jp/survey/index_ks14.html（2022年4月18日閲覧）〉

農林水産省『新規就農者調査』（2006年から毎年発行）

農林水産省［2012］「農山漁村での「6次産業化」とは、どのようなことですか。」〈https://www.maff.go.jp/j/heya/sodan/1202/a04.html（2022年4月17日閲覧）〉

橋本健二［2008］「「格差社会論」から「階級‐社会階層研究」へ」『社会学評論』59(1): 94–113.

村松研二郎［2017］「日本における帰農運動の歴史と現在――系譜論的試論」『国際日本学』14: 167–192.

毛利子来［1992］『ひとりひとりのお産と育児の本 改訂版』平凡社

Allison, A.［2013］*Precarious Japan.* Duke University Press.

Dore, R.［1958］*City Life in Japan: A Study of a Tokyo Ward.* University of California Press.

Embree, J. F.［1939］*A Japanese Village, Suye Mura.* University of Chicago Press.

Graeber, D.［2013］*The Democracy Project: A History, A Crisis, A Movement.* Speigel & Grau.

Halfacree, K.［2007］Back-to-the-land in the Twenty-first Century: Making, Connections with Rurality. *Tijdschrift voor Economische en Sociale Geografie* 98(1): 3–8.

Inglehart, R.［1977］*The Silent Revolution: Changing Values and Political Styles Among Western Publics.* Princeton University Press.

Kroeber, A. L. & Kluckhohn, C.［1952］*Culture: A Critical Review of Concepts and Definitions.* Peabody Museum of American Archeology and Ethnology, Harvard University.

Nishiyama, M., & Kimura, A. H.［2005］Alternative Agro-food Movement in Contemporary Japan. 『千葉大学園芸学部学術報告』59: 85–96.

Ogasawara, Y. [1998] *Office Ladies and Salaried Men: Power, Gender, and Work in Japanese Companies.* University of California Press.

Smith, R. J. [1981] Japanese Village Women: Suye-mura 1935–1936. *Journal of Japanese Studies* 7(2): 259–284.

Vogel, E. F. [1971] *Japan's New Middle Class: The Salary Man and His Family in a Tokyo Suburb, Second edition.* University of California Press.

第 5 章

# 文化的持続可能性への人類学からの応答

## 文化のゆるやかな共鳴を捉えるために

山越英嗣

## 1 はじめに

2019年12月初旬に中国の武漢市で初の感染者が報告された新型コロナウイルス感染症（COVID-19）は、数ヶ月のあいだに世界へと拡大し、2020年1月に日本でも罹患者が確認されると、瞬く間に列島全域へと広がりをみせていった。そのような危機的状況のなかで、政府は2020年12月に「SDGsアクションプラン2021」を発表した。そこでは、新型コロナウイルス感染症の拡大が人間の安全保障に対する脅威となっており、SDGs達成に向けた取り組みの遅れにつながっていることが懸念されている。そしてコロナ禍に打ち勝つだけでなく、「よりよい復興」に向けての取り組みや国際社会との連携が不可欠であると結ぶ。

また同プランのなかで日本政府は、成長戦略の柱に経済と環境の好循環を掲げてグリーン社会の実現に最大限注力し、2050年までに温室効果ガス排出を実質ゼロにする、「カーボンニュートラル」の実現を目指すことを宣言している。ここで重要なのは、政府が「温暖化への対応は経済成長の制約ではなく、積極的に温暖化対策を行うことが、産業構造や経済社会の変革をもたらし、大きな成長につながる」と明言している点である。すなわち、政府はここで環境への配慮と経済の発展を同時に推進しようとしている。しかしながら、これは本当に実現可能なのだろうか。たとえば経済思想家の斎藤幸平は、環境学者ヨハン・ロックストロームの議論を引きながら、技術革新やインフラ投資などの経済成長と温室効果ガス排出の抑制を同時に進めていくというSDGsの目標がいかに非現実的であるかを指摘している［斎藤2020：62-70］。こうした指摘は斎藤にかぎったものではなく、すでに多くの研究者のあいだでその困難さが

共有されている [e.g. ラトゥール 2019]。それにもかかわらず、政府は私たち
にこうした「夢物語」を語り、私たち一人ひとりを含む社会全体が一体となり
努力をすることによってこそ目標を達成できると述べてきた。もちろん筆者も、
個人レベルでの環境への主体的な取り組み自体を否定するわけではない。しか
し斎藤によれば、私たちの経済活動は先進国によるグローバル・サウス[1]から
の収奪によって成り立っている。そして彼は、SDGs が目下の危機から目をそ
らせる役割を果たしているという意味で、現代版「大衆のアヘン」にほかなら
ないと痛烈に批判しているのである [斎藤 2020：4-56]。

　たしかに、このような努力は一見、環境保全への真摯な取り組みへの参入を
促すように見せかけておきながら、その裏側では消費を惹起するような商業主
義にすり替えられてしまうことも多い。こうした現実に対しては、筆者も違和
感を覚えざるを得ない。本書序章で原が指摘しているように、一連の議論は環
境・経済・社会という枠組みで進められ、私たちの生活を取り巻く文化的な側
面への着目は圧倒的に不足しているといえよう[2]。私たちは、もういちど身の
回りの生活世界に目を向けて、それを手がかりとしながら「望ましい社会」の
あり方を探る必要があるのではないだろうか。そこで本章では、当初から文化
概念を学問的中枢に据えて議論を展開してきた人類学の視座から文化的持続可
能性を再検討してみたい。

　そのために、まず次節ではおもに戦後の開発思想から近年の持続可能な開発
に至るプロセスにおいて文化がどのように扱われてきたのかを概観したうえで、
それが実行に移される場面で生じる問題について論じる。第 3 節では人類学に
おける持続可能性[3]への関心の高まりと、脱人間中心主義を目指して提起され

---

1) 地球規模で起きている先進資本国と発展途上国のあいだの経済格差は、しばしば「南
　北問題」と呼ばれてきたが、実際には地理的に南半球に位置する諸国が困難に苛まれ
　ているわけではないし、また南半球に位置する諸国の置かれた多様な状況を一括りに
　することにも限界がある。そこで近年では、地理的含意を相対化した用語として「グ
　ローバル・サウス」が普及するようになった [中島 2022：1]。
2) コロナ禍の状況下で、自治体 SDGs 推進評価・調査検討会は「2021 年度 SDGs 未来都
　市及び自治体 SDGs モデル事業の総評」を発表した。ここには「経済・社会・環境の三側
　面から統合的に課題解決へ取り組む」という記述がみられるものの、文化的な側面からの
　アプローチについて直接的に言及されているわけではない。

た存在論やマルチスピーシーズ人類学を紹介する。第4節では、1970年代に日本から提唱された開発理論である鶴見和子の内発的発展論を紹介する。そして、この思想が「外部」を取り込むことで地域の活性化を目指す性質を有していることを述べる。第5節では反対に、政府機関などの「外部」が提供する諸制度の導入に際してデメリットが生じるケースについて言及する。そして第6節では、本書所収の日本を対象とした4編の論考を貫くキーワードとして「伝統」を取り上げて文化的持続可能性について検討を行う。最後に、質的研究を重視し個別の事例からボトムアップに理論を練り上げる人類学的視座が、いかにして地球規模の課題にアプローチすることが可能かを考えてみたい。

## 2 「持続可能な開発」と文化

　国際連合広報センター（UNIC）によれば、「持続可能な開発」という語は1983年に設置された「環境と開発に関する世界委員会（World Commission on Environment and Development）」が1987年の総会に宛てた報告のなかで提唱したものであった［国際連合広報局 2018：231-232］。しかし、「持続可能性」という語自体は、イヴェット・ヴェレとポール・アルヌーによると、19世紀の歴史家・言語学者G.パーキンス・マーシュによる著書『人間と自然』（1864年）に遡ることができるという。そこでマーシュは、資本主義が自然や天然資源への脅威となることを指摘している［ヴェレ & アルヌー 2020：7］。彼はアメリカ人エコロジストたちの指導者的存在として、プロテスタント思想家であったヘンリー・D・ソローや、ジョン・ミューア、アルド・レオポルドらにも影響を与えた。かれらは工業化と都市化による被害を回避するために神の創造物である自然の保護を主張し、人間の立ち入らない「無垢」の空間を保持しようと努めた。このように、当初、「持続可能性」はプロテスタントの信仰とともにあり、開発の行われていない「手つかずの自然」を守るという目的が込めら

---

3）本書序章で原が詳細な説明を行っているように、「持続可能な開発（sustainable development）」と「持続可能性（sustainability）」の用法は非常に込み入った状況にある。本章で取り上げた文献に「持続可能性」の語が使用されている場合はそれに従ったが、本章では基本的に2つの語をほぼ同義として扱う。

れていた。他方で、アメリカ合衆国では 1905 年から 1910 年まで農務省の国有林管理部門の最初の長官を務め、のちにペンシルベニア州の知事となったギフォード・ピンショーらが、自然とその資源を管理しつつ、それをより効率的に活用しようとする「保全主義（conservationism）」を主張した［ヴェレ & アルヌー 2020：7］。ここでは同じように自然を守ることを謳っているものの、ソローらの思想とは異なり、環境を経済と結びつけて持続的に利用していくことを含意している。

　その後、欧米諸国によって発展途上国の開発が行われるようになったのは第二次世界大戦以降のことであった。西洋の植民地であったアジア、アフリカ、中南米の多くの国々は 17 世紀から 20 世紀末にかけて独立を果たしたが、その後も貧困や飢餓、疫病などが蔓延する不安定な社会状況が続いていた。そのような状況の改善を目指して実施されるようになっていったのが近代的な開発計画であった。1961 年に国連がアメリカ合衆国のジョン・F・ケネディ大統領の提案を受けて定めた「開発の 10 年」計画では、1961 年から 1970 年までの 10 年間に、発展途上地域の経済成長率を年率 5% に向上させることが目標となった。しかしながら、ここで目指されたのは途上国で暮らす人々の生活様式を近代化するという画一的な経済発展であった。そのため、地域に根付く信仰や慣習などは発展を阻害する要因として排除されねばならなかった。やがてこの試みが公害の発生、環境・自然破壊、資源・エネルギー問題などを引き起こし、途上国における経済的自立の行き詰まりが明らかになってくると、開発主体であった欧米諸国は落胆し、近代的価値観に基づく開発はしだいに疑問視されるようになる。そして、先進諸国による「普遍的価値」の失墜が明らかとなった 1970 年代中盤以降には、先進諸国は個別の文化や価値の重要性を再認識せざるを得なくなっていった［岡本 1996］。このような文脈のもとで、1987 年に「環境と開発に関する世界委員会」が提唱したのが、前述した「持続可能な開発」であった。以下では寺倉憲一の議論を下敷きにしつつ、「持続可能な開発」の文脈において、文化がどのように位置づけられてきたのかを考察する［寺倉 2010：221-237］。

　1982 年にユネスコが開催した「文化政策に関する世界会議」において採択された「文化政策に関するメキシコシティ宣言」では、個人の幸福（well-being）

と充足（fulfilment）のためには、開発戦略の中に文化の要素が統合されること
が重要であり、社会の歴史的、社会的、文化的文脈を見直す必要があると述べ
られている。その後、1992 年 6 月に開催された「環境と開発に関する国連会議
（リオ・サミット）」では、とくに先住民の慣習や知識の尊重や文化的多様性に
関する問題が取り上げられた。1990 年代には他にも、「第 10 回非同盟諸国首脳
会議」（ジャカルタ、1992 年）、「世界社会開発サミット」（コペンハーゲン、1995
年）などで開発における文化的側面への注目がさかんに謳われた。1995 年 11
月には、国連「文化と開発に関する世界委員会」の報告書「我らの創造的な多
様性（Our Creative Diversity）」が作成される際に、クロード・レヴィ＝スト
ロースやエリ・ヴィーゼル、中根千枝らといった文化人類学者たちの関与もみ
られた。

　21 世紀に入ると、2002 年にヨハネスブルクで開催された「持続可能な開発に
関する世界サミット」が開催された。円卓会議においてフランスのジャック・
シラク大統領（当時）は、グローバリゼーションが多様性への脅威となってい
ることを指摘したうえで、文化が環境、経済、社会と並ぶ持続可能な開発の第
4 番目の柱であると述べた。

　また、近年ではミレニアム開発目標（MDGs）[4] を発展させた SDGs が、2015
年 9 月の国連サミットで採択された『持続可能な開発のための 2030 アジェン
ダ』に記載された。これは、国連加盟 193 か国が 17 の「目指すべき世界像」を
2016 年から 2030 年の 15 年間で達成することを目標とするものであった。人
類学者の関根久雄はこうしたアジェンダにも、「文化的多様性の尊重」の理念は
織り込まれていることを指摘する。そして近年の持続可能な開発の議論が、近
代主義的な開発論に生じた歪みに対する批判や開発の場における人間を重視し、
かれらの文化を再評価するという軸を抱えながら展開されてきており [5]、持続
可能な開発のなかにおいても文化は確実にその「居場所」が確保されてきたと

---

4）極度の貧困と飢餓の撲滅など、2015 年までに達成すべき目標として 8 つのゴールと 21
　のターゲットを、おもに途上国に適用される開発目標として設定した。
5）人間の豊かさは、経済・社会・環境の 3 つの側面の調和によって実現することが目指
　され、そこで示された「誰一人取り残さない」というスローガンは広く人口に膾炙し
　た。

述べる［関根 2021：7-28］。しかしながら、たしかに近年の国際機関による政策は、かつてと比べれば文化的多様性の重視や配慮という点が文言として謳われているものの、実態としてはむしろ後退しているようにすら感じられる場面も少なからず存在する。とくに政策の手続きや実効性という観点においては、さまざまな課題がみられる[6]。たとえば、文化人類学者のマーク・ブライトマンとジェローム・ルイスは、統計に基づいて収集されたデータが示されても、国際宣言を行う段になると、曖昧な定義が用いられたり、各国への政治的な配慮がなされたりするために、総花的で実効性の薄いものへと変質してしまうことを批判している。そしてトップダウン的な政策は、コストパフォーマンスを優先した新自由主義的な発想に陥ってしまいがちであると述べる［Brightman & Lewis 2017：5-9］。つまり、宣言や提言の時点で文化への配慮や重要性を盛り込んでも、それが現地で実行される際にはさまざまに「読み替え」や拡大解釈がなされ、せっかくの理念は骨抜きにされてしまうのである。

またノルウェーの文化人類学者、シグネ・ハウエルは、REDD（Reducing Emissions from Deforestation and Forest Degradation in Developing Countries, 開発途上国における森林減少・劣化などによる温室効果ガス排出量の削減）で開催されたあるフォーラムを事例に、国際機関の意思決定に関する問題点を提起している。そこでは、ひとりの先住民女性が地域の森林の状況を訴えていたが、主催者側は彼女の話を遮り、「REDD への女性の参加」をテーマに話を続け、先住民女性の話が議論にあげられることはなかった。ハウエルは、このような問題は、ローカルな現実とグローバルな制度がすれ違ってしまっているために生じていると指摘する［Howell 2017：136-137］。このように、文化的多様性に配慮がなされているといっても、結局のところ国際機関にもとめられるのは、普遍的に適用できるモデルを作ることである。そのため、政策や提言に地域的な現実を組み込もうとしても、かれらは現場の複雑な利害関係を目の当たりにして、曖昧な着地点に落ち着くことになってしまう。そしてその結果として、ローカルレベルでの実践を行うことが困難になってしまうのである。

---

6）関根もこうした表明は理念的レベルに留まり、具体的な実践に反応されることは少ないのではないかという懸念を示している［関根 2021：20］。

しかも、多くのプロジェクトでは時間的な制約も課されるため、事業を急いで完結する必要が生じ、十分なリサーチと評価ができなくなるという事態も起こりうる。

　英国の人類学者ウィリアム・アダムスは、このような国際機関や政府などが発する提言や政策を「上からの保全」[7]と呼び、それが新自由主義的な発想に陥り無効化してしまうことを指摘する。それに対して、アダムスは非政府組織や活動家が政府に訴えかけて議論を呼び起こし、状況を改善していった事例を取り上げ、私たちはむしろこうした「下からの保全」の動きに着目すべきではないかと述べる［Adams 2017：112-113］。これは上述したように政府の掲げる目標を個々人が達成すべく努力をするというのではなく、生活世界のレベルから持続可能な社会を再想像することを目指すものといえよう。アダムスが述べる「下からの保全」は、地域の文化的多様性を重視したコミュニティや個人の試みに着目している点で、持続可能性に関する人類学的なアプローチがいかにして可能かを考えるきっかけを私たちに与えてくれる。

## 3　持続可能性をめぐる近年の人類学的研究

　ここまでみてきたように、持続可能な開発の理念とそれに基づく取り組みが国際機関の諸宣言を通じて世界的な影響力を持つようになったのは1980年代のことであったが、ほとんど時期を同じくして、人文社会科学においても持続可能性に関連する研究は増加していった。人類学では、この頃から観光や開発といったこれまでは見過ごされてきたテーマが研究の俎上に載せられるようになり、1990年代から2000年代にかけては持続可能性についても活発な議論がみられるようになっていった。とくに2010年代に入ってからは、欧米の人類学者たちを中心に持続可能性に関する論集が次々と刊行されており、その関心の高まりがうかがえる[8]。『持続可能性の人類学──発展と進歩を超えて』（2017）の編者であるブライトマンとルイスは、「持続可能性の人類学」とはたんにコミュニティや自然の保護を指すだけではなく、政治・経済で主流となっ

---

7）　アダムスはここでとくに天然資源や自然の保全についての議論を展開している。

172

ている進歩や発展の思想への挑戦であり、私たちを取り巻く環境の変化を期待するプロジェクトであると述べる［Brightman & Lewis 2017：2］。

　こうした近年の人類学における持続可能性をテーマにした研究の増加には、背景として環境をめぐる認識の変化が存在する。それは西洋哲学で自明とされてきた自然と文化の二項対立を乗り越えようとする発想で、両者は対比的に捉えられるのではなく、むしろ連続的かつ相互に影響を与えるものとして理解されるべきと考える。そのような見方に決定的な影響を与えたのが、化学者パウル・クルッツェンらが示した人新世（Anthropocene）の概念である。クルッツェンは、人類が地球の生態系や気候に大きな影響を及ぼすようになったことを指摘し、人間の活動の痕跡はすでに地球の表面を覆いつくしたと述べる［Crutzen & Eugene 2000］。哲学者・人類学者のブルーノ・ラトゥールは人新世の登場を「人類学への贈り物」と表現し、これまで交わることの少なかった社会科学と自然科学の議論を架橋するきっかけを与える概念であると指摘している［Latour 2017：35–49］。

　このような自然と文化の二項対立への問い直しの動きは、人類学にも生じた。伝統的に、「厚い記述」9) による民族誌の作成という方法論に基づいて文化の解明を目指そうとする人類学では、自然は人間が手を加えたり、あるいは資源を引き出したりする対象として理解されてきた。人類学において、人間と自然の相互関係を扱う領域はとくに生態人類学と呼ばれ、世界各地に存在する狩猟採集民、農耕民、牧畜民などの独特なコスモロジーを民族誌として描き出してきた。また、人間と自然を媒介する精霊など超自然的な存在や儀礼への注目もなされ、それらが社会を駆動するための重要な装置となっていることを明らかにしてきた。このように、伝統的に非西洋社会の人々のコスモロジーを描き出

8) 一例として Murphy & McDonagh［2016］、Brightman & Lewis［2017］。ただし、これらの論集では持続可能性についての議論を行っているものの、それらは必ずしも文化的持続性を探求するものとは言い難い。
9) 人類学者クリフォード・ギアーツが提唱した概念である。人類学者は民族誌においては、さまざまな記述や描写、解釈を複合的に積み重ね、たとえ現地に行ったことのない者であってもその様子が手に取るように鮮やかに再現されるようにすることに加え、行為の裏側に存在する「意味」を伝えることが重要であると述べる［ギアーツ 1999］。

そうとしてきた人類学は、生態人類学にかぎらず、人間とそれを取り巻く環境との関わりのなかで文化を捉えようとする視点が当初からみられた。すなわち、ここで人間（文化）と自然はそれぞれ独立した存在として理解されている。しかしながら、とくに1990年代以降に欧米を中心に広がりをみせていった、一般的に「存在論的転回」と呼ばれる人類学の潮流は、これまで自明とされてきた人間中心主義的な世界観こそが西洋社会で培われた思考の産物であるということを問題化していった。そして、世界が人間を含めた生物や自然、人工物やイメージなどの相互行為によって成り立つという別様の見方を示した。

　自然と文化に対するこれまでとは異なる認識はさまざまな形で人類学に影響を与えていったが、近代的開発に対しての直接的な疑義を示す可能性を秘めているひとつの領域として、マルチスピーシーズ人類学と呼ばれる一群の研究が存在する。マルチスピーシーズ人類学の特徴は、人間だけを特権的な存在として扱う視座を排し、動物や植物、微生物などといった、これまで「自然」の側に属するとされてきた存在もまた人間同様の行為主体であり、そうした多様な種の絡まり合いによって世界を民族誌として描き出そうとする点である［奥野 2021：2-35］。たとえば北米で狩猟採集の伝統を受け継ぎながら暮らす先住民カスカにとって、動物は人間の生命を維持するために利用されるたんなる資源として存在しているわけではない。かれらにとって動物は人間と対等な存在であり、森のなかで互いに会話をしながら狩猟が行われる。ここで人間と動物（自然）の境界は揺さぶりをかけられ、自明ではなくなる［山口 2021：107-143］。いわば人間も世界を構成するあらゆる種のうちのひとつにすぎないとするマルチスピーシーズの考え方は、私たちが世界を再想像するためのひとつの手がかりとなるだろう。

　ここまでみてきたような人間とモノや自然を連続的に捉える視点は、文化的持続可能性を考えるうえでも示唆的である。私たちはモノや自然が私たちの生活にいかに介入し、文化を活性化させたり、あるいは反対に制限を加えたりしてきたかを民族誌として描き出すことによって、文化が持続していくために何が必要なのかを浮き彫りにすることができるのではないだろうか。

## 4 　地域の特性を重視した活性化

　さて、ここまで近年の人類学の議論を再考してきた。繰り返しになるが、マルチスピーシーズ人類学を含め近年の人類学の議論はルネ・デカルトに由来する「人間中心主義」を転回することが大きな目標のひとつとなっていることを忘れてはならない。すなわち一連の流れは、西洋社会が作り上げた世界観への自己批判と考えることも可能だろう。もしそうであるならば、日本をはじめとする非西洋社会に属する者が、自国の窮状を批判し改善を行うために西洋の理論を経由するということ自体、いささか奇妙なことのようにも思えてくる。私たちは現代の日本社会特有の生活空間に着目し、そこから異なる視座を導き出すことも可能なのではないだろうか。

　過去を振り返ってみれば、日本から近代プロジェクトとしての開発を批判的に検討する試みがなかったわけではない。たとえば、社会学者の鶴見和子が1976年に提唱した内発的発展論[10]は、開発の議論に地域の伝統や文化といった視点を盛り込み、地域住民の主体性による状況の変革を重視するものであった［鶴見 1976］。西川潤によると、鶴見は柳田國男など民衆の伝統的思考の再評価や日本や中国の伝統を再検討する諸研究を基礎においていることからも、これは西洋近代を単純に志向する発展論とは異なるものといえる［西川 1989：5］。

　ここで鶴見の内発的発展論で取り上げられている具体的な事例をみてみよう。1950年代に熊本県で起きた水俣病は、新日本窒素肥料（現：チッソ）水俣工場が化学反応の触媒として使ったメチル水銀化合物（有機水銀）を無処理のまま水俣湾に放流したことが原因であった。汚染された海産物を長期にわたって日常的に食べた住民たちには、中毒性中枢神経系疾患の罹患者が多数発生したが、有効な治療はいまだ見つかっていない。患者たちはチッソを相手に裁判を起こ

---

10) 鶴見はこの語を「国際関係と近代化・発展論」『国際学——理論と展望』においてはじめて用いた［鶴見 1976：56-75］。しかし内発的発展という言葉自体は、スウェーデンのダグ・ハマーショルド財団が1975年に「第7回国連特別総会」に提出した報告書でも使用されていた［鶴見 1989：46-47］。しかしながらこれは、鶴見の提唱した概念とは様々な点で異なる。

し、長年にわたって闘争が続いた。しかしそのなかでは、訴訟に勝つための闘争を超えたさまざまな連帯や社会運動、思想がいくつも生まれていった。たとえば鶴見によれば、水俣ではもともと浄土真宗と浄土宗が広く行き渡っていたが、水俣病の襲来という苦難に直面して自然信仰が湧出していった。それは、自然すべてのものに、人間と同じように、それぞれ固有の魂があるという信仰であった。そして、患者の田上義春による「水俣病が起きる前のその海、山」を再現することが「一番望ましい」という言葉が注目され、水俣の地域再生運動は「もう一つのこの世」を現出する動きへと広まっていった。その一環として、たとえば患者たちは支援者たちの協力を得ながら無農薬有機栽培の甘夏みかんを作り、消費者へ直売する運動を始めた。ここでは、患者たちによる、化学肥料を原因とする水や土壌の汚染を二度と繰り返さないという強い思いや、信仰、社会構造[11] などが絡まり合い、患者を含めた支援者たちが一体となって起こった社会運動としての性質を有している [鶴見 1989：246-248]。

　このようにコミュニティの事情をよく知る人々の主体性を重視し、文化的個性を活かしながら活性化を目指すことを特徴とする内発的発展の実践は、現在に至っても国内外に大きなインパクトを与え続けているし、文化的持続可能性を考えるうえでも重要である。ただここで注意しなくてはならないのは、私たちが「外部」から完全に隔離されたコミュニティのなかで暮らしているわけではないということである。上述した鶴見の事例においても、運動は必ずしもコミュニティ内で完結しているわけではなく、「外部」からの支援者を取り込むことによって、ダイナミズムを得ていた。また、いくら地域コミュニティの内発性を重視しようとも、少なくとも現代日本では、西洋近代的なシステムに基づく国家が主導しているのが現実であり、否が応でもその影響を受けざるを得な

---

11) 水俣は深水家が支配した城下町であったが、江戸時代からの定住者たちは「地五郎（じごろ）」と呼ばれた。その後、チッソ工場が建設され、水俣では天草その他の離島から仕事を求めて多くの人々が流入し、水俣市周辺に住んだ。これらの人々は半分工業・半農半漁の漁民が多かったが、「ながれ」（漂泊者）として集落内で差別を受けた。水俣病は「じごろ」と「ながれ」の両方から無差別に罹患者を出した。またその後、水俣病裁判闘争の支援などでのちに水俣にやってきた人々は「新人」と呼ばれた。水俣の地域再生運動はこうした三者が主体となって、さまざまな集団が作られながら行われていった [鶴見 1989：246-248]。

いのが現実である。このことを受けて近年では、経済学者の宮本憲一が述べるように、内発的発展論において組織・個人・自治体の主体性とともに「外部」からの資本や援助や技術の導入を補完的に用いていくべきであるとする論調が高まりをみせている［宮本 1990］。内発的発展論は、先に述べたアダムスによる「下からの保全」にも似通っているように感じられるが、状況に応じて「外部」を取り込みながらコミュニティの課題を解決していこうとする視点に立つ点で両者には大きな違いがある。

## 5 「外部」を取り込むことで生じる弊害

　前節では、鶴見らが提唱した内発的発展論においても、実際にはコミュニティの「外部」を受け容れながら成立していることを確認した。しかしながら、このような「外部」の受け入れは、しばしばコミュニティの柔軟性を硬直化させてしまったり、理念を損なってしまったりしかねない。本節では、このような「内発的発展論の限界」ともいえる状況について考察を深めてみたい。

　これまでの日本の地域コミュニティの開発は、国家との連携のなかで進行してきたといえる。政府は国土総合開発法に基づいて、1960 年代から国土の開発、利用および保全の基本方針となる「全国総合開発計画」を作成し、長期的な視座に立ってこれを実施してきた。この全国総合開発計画は 1962 年の第 1 次全国総合開発計画（一全総）に始まり、1987 年の第 4 次全国総合開発計画（四全総）まで発表されたのち、1998 年の「21 世紀の国土のグランドデザイン」、2008 年の「国土形成計画」、2015 年の「新国土形成計画」と名称を変えて引き継がれていった。高度経済成長期の只中に策定された一全総では、地域間格差の解消に向けて工業の地方分散を行う政策が実施された。しかし、やがて国家主導の開発の限界が明らかになってくると、1960 年代以降は国の支援を受けながら自治体や地域住民が主導し、地域の特性や歴史的、伝統的な文化を資源とした取り組みが行われるようになっていった。このように日本の開発目標は「国土の均衡ある発展」から「地域の個性ある発展」へとシフトし、開発の担い手は中央集権型から地域（自治体）主導にシフトしていった [12)]［早川 2021：310-311］。こうした状況を背景として、1970 年代には上述した鶴見による内発的発展論が

登場していったことは意義深い。

　それぞれの計画には「文化」の語が各所に散りばめられており、国が地域の多様性を活用しながら活性化に取り組むことが示されている[13]。とはいえ実際のところ、ここで謳われている「文化」とは、地域を開発し自立を促すための有形・無形の資源として認識されている側面が強く、経済と不可分の関係にあることは否めない。

　たとえばとくに2000年代以降、日本ではアートプロジェクトを通じた地域活性化が全国でさかんに行われるようになった。2010年に政府系金融機関のひとつである日本政策投資銀行大分事務所によって書かれたレポートも、アートフェスなどに代表される現代アートを、新しい世代の観光客を誘致し、地域活性化のために行われる国策のひとつとして提言している［日本政策投資銀行大分事務所 2010］。

　これに先立ち、かつて英国でもブレア政権下でブレーンとして活躍した社会学者のアンソニー・ギデンズは著書『第三の道』のなかで、「貧しい地域社会を蘇生させるためには、より広範な市民意識を涵養する必要」［ギデンズ 1999：143］があると述べ、その一環としてコミュニティ・アート団体への積極的な支援を提言したことがあった。これは、アートフェスティバルなどの文化イベントを実施することによって、衰退する地域に活力を与えようとするものである。ギデンズによれば、この政策は住民の雇用創出や健康増進にも効果的であるという。地方分権による自治・自立を目指すこのアイデアは、表向きには新自由主義とも福祉国家とも異なる、まさに「第三の道」として提唱されたものであった。とはいえ、現実にはこれが英国で推進してきた新自由主義的政策においてこぼれ落ちた社会的弱者を、可能なかぎり低コストで救済しようという意図に基づいていることは明らかであった。ここでアーティストは自治体の意向に

---

12)　地域の文化的特色を生かした地域活性化策の一例としては、1980年代の「一村一品運動」があげられる。これは大分県知事の平松守彦（当時）が提唱し、大分県下の各市町村がそれぞれ1つの特産品を育てることで地域の活性化を図るという内容であった。このような政策は、一種のブームとなって全国に広まった。

13)　目次の箇所も含めた場合、文化の語は1962年の「一全総」では19か所で使用されていたが、2015年の「新国土形成計画」には207か所の使用がみられ、大幅に増加していることがわかる。

沿って「万人受け」する作品を制作することを強いられるばかりでなく、イベントは集客数や収益などの数値化された指標をもって評価され、成功か否かが判断される。SF・文芸評論家である藤田直哉は、同様の状況が日本にも生じていることを指摘している。すなわち、地域活性化としてアートが制作される場合、行政はプロジェクトに税金が投入されている以上、作家に対して「なにか地域の役に立つもの」を作ることを求める傾向にある。つまり、ここで求められているのは誰にでも受け容れられ、住民と外部の者たちの間に「つながり」が生まれるような作品のことである。そしてプロジェクトの成功か否かを判断するのは来客数という数値化された指標であり、そこではしばしば作品の質を批評するような自由は排除されてしまう。藤田はアートプロジェクトに参加したある作家が「芸術的な完成度」と「地域アートとして要求されること」との間での苦悩を吐露していたことを述べ、アートが安易に地域社会の活性化のために利用されてしまう状況を批判的に捉えている［藤田 2014：244］。筆者は別の論考において、衰退する地方の活性化を地域コミュニティが行政支援のもと「排除と包摂」の論理に基づいて実行することを、「生活空間の植民地化」と呼んだ［山越 2020：360-361］。これは地域コミュニティが「外部」を取り入れることで、個人あるいはコミュニティの活動が制限を受けてしまい、文化が形骸化してしまう典型的な事例である。

　また近年では全国務大臣を構成員とする SDGs 推進本部が 2018 年に策定した「SDGs アクションプラン 2018」においても、国が地方の強みを活かしながら SDGs を推進し、それによって地方創生を実現することを謳っている。その背景には、東京への資源の一極集中や少子化にともなう人口減少が大きな課題となっていることがあげられる[14]。「SDGs アクションプラン 2018」の一環として、内閣府地方創生推進室は 2018 年以降、SDGs の理念に沿って、経済・社会・環境の三側面における新しい価値創出を通して持続可能な開発を実現するポテンシャルが高い都市・地域を「SDGs 未来都市」として選出する取り組みを行っている。選出された地域のなかには、計画推進のための地方創生支援事

14) 2014 年に発表された元総務相の増田寛也を座長とする日本創成会議によるレポートは、2040 年までに地方自治体の半数に相当する 896 自治体が「消滅」する可能性があるという衝撃的な内容であった［増田 2014］。

業費補助金（自治体 SDGs モデル事業補助金）が交付される[15]。地方に主体性を与え、個性を生かした活性化を促進するという理念は優れたものである。しかし他方で懸念も残る。たとえば、選定された自治体のなかには小規模な市町村も含まれているものの、経済的に豊かなリソースをもつ自治体は「まちづくりの専門家」やコンサルなどの外部機関の知恵を活用できるのに対して、人的・経済的資源が限られた小規模の自治体が同様の試みを行うのは困難となる。そのため、補助金の獲得をめぐっては不平等が生じてしまうのではないだろうか。また、国主導の地方創生プログラムのなかには、計画の段階で文化の重要性に言及はしているものの、結果的に経済の枠組みに回収されてしまうケースもみられる。そのため、小規模なコミュニティがこのような制度を利用しようとしても、構造的に困難な状況も生まれてしまっているのである。

## 6 日本からの応答

　それでは周縁化され、資源の乏しい小規模コミュニティが生き残るためにはどのような可能性が残されているのだろうか。筆者は資本主義や消費主義が覆いつくしたかのようにみえる現代の日本社会においても、そうしたものとは異なった発想に基づくシステム――資本主義や消費主義の「余白」のような空間――を見出すことができるのではないかと考える。そして、そこに根をはる文化の姿を記述することで、西洋近代のプログラムの延長として駆動し続けるシステムとは別の生活世界のあり方を示すことにつながるのではないだろうか。

　本書に収蔵されている 4 編の論考も、それぞれ現代社会に張り巡らされた資本主義・消費社会の網目に完全には絡めとられないような文化の力を持続させるための人々の営みを描き出している。ここで、それぞれの議論を振り返ってみよう。

　日光市七里の生岡神社にて毎年 11 月 25 日に行われる大祭における食責め儀

---

15）たとえば 2021 年の「2021 年度 SDGs 未来都市及び自治体 SDGs モデル事業の総評」によれば、日本全国の様々な規模の 53 の自治体から応募があった。書面による評価とオンラインによるヒアリングを経て、そのうち 31 の「SDGs 未来都市」および 10 の「自治体 SDGs モデル事業」が選定されている。

礼・子供強飯式を事例とした松田は、昨今のコロナ禍や信仰基盤の喪失、ニューカマーの増加によりノウハウの継承が困難な状況に陥ってしまった地域の祝祭を描写する。松田は文化を持続させていくために、安易に外部依存的な観光化や商業化の道を選ぶのではなく、コミュニティ内の役割分担について可塑性の高い「ゆるい属人化」を志向していく方法を提示した。

　また、栃木市都賀町家中地区の鷲宮神社において、毎年 11 月 23 日の例大祭の一環として 2001 年から開催されてきた禁食儀礼「強卵式」を事例に取り上げた酒井は、地域コミュニティの言説とサイバー空間上の言説が相互作用を生じさせている状況を指摘している。そこでは SNS 上で人格をもたずモノに近い位置からコメントを発信し続けるボットの発言や、誤りを含む情報すらも祭りや地域のイメージ形成に貢献し、経済活動とは必ずしも連動しない形で文化を持続させることに繋がっていた。

　都築は、縄文時代から連綿と続く本列島の漆文化から文化的持続可能性を考える。地方の特産品であった漆製品は、近世に徐々に大坂、江戸を中心とした市場流通網にのり、「全国的な」商品として消費されるようになっていった。近代以降になると、大量生産・大量消費の時代において、安価な輸入雑貨の流通は高価な漆製品を駆逐するようにも思われたが、実際には三越などのデパートの商業メディアによるイメージ戦略が地域の特産品であった漆文化を全国区に押し上げる働きをしたことで、漆産業はたくましく持続をなしえた。ここでは、地方文化が自発的ではないにせよ、デパートという商業メディアを利用するようなかたちで生きながらえていったことが明らかにされている。

　大澤は、とくに消費社会や資本主義に代替的なワークスタイルやライフスタイルを選択する 2 人の農業への新規参入者に着目する。大澤によれば、かれらは消費主義や資本主義に対して批判的な立場に立ち、独自の価値観で経済・社会・環境の持続可能性を追求している。その際にかれらは無農薬・無化学肥料栽培へのこだわりをみせるが、それは農村へのあこがれといった懐古的なものではなく、むしろ未来志向的なものであると大澤は述べる。

　以上のように、4 編の論考における対象や視点はそれぞれ異なるものの、そこには共通する部分も見えてくる。そのひとつはけっして経済的に豊かとはいえないながらも、資源を活用して「伝統」を守ろうとする人々の態度である。

文化はときに社会変化や経済と齟齬をきたし、行動の制約がコミュニティ内部で暮らす人々に不自由さを与える要因となりうる。それにもかかわらず、多くの場合、人々は文化を簡単に捨て去らずになんとか持続させようとする。これは「伝統」の力といってもよいだろう。「伝統」を次の世代へと継承しなければならないと考えるのは、過去からの要請にほかならない。これまで連綿と継承されてきた文化を自分たちの世代で消失させてしまうことに、うしろめたさを感じるからこそ、地域文化を担う人々には義務感のような感情がつきまとうのである。とはいえ、こうした「伝統」はその起源や由来が明確にされていたり、太古から形式を変えずに持続したりしてきたわけではなく、多くの場合、社会変化に柔軟に対応しながら今日に至っている場合が圧倒的に多い。たとえば松田論文が描き出しているように、コミュニティの成員の流動性が高い現代においては、その時々の担い手たちのもつ特性や特技を資源として祝祭に反映させることがみられる。そして特定の型にこだわらず、即興的に内容を作り変えていくことで「伝統」を持続させていく実践は興味深い。これは「内部」の資源だけに頼っていては、いずれ伝統がついえてしまう可能性が高いことに人々が気づいているためであろう。それゆえに、新たにコミュニティに参入してきた人々の参加を拒んだり周縁的に扱ったりするのではなく、積極的に担い手となってもらうことで祝祭を持続させている。

　また、「伝統」を維持するためには自分たちの活動が正当なものであることを根拠づけるような物語の存在が不可欠である。たとえば、酒井の提示する事例は祭礼の背後に存在する物語がいかに重要かを示している。とくに本事例が現代的な特徴を備えているのは、オンライン上に流布する言説と現地での祭礼が相互に関係づけられながら現実を再構成していく点である。オンライン上で生成される情報には誤りも含まれるが、そうしたものを含みこみながら情報は人々の想像力を喚起し、「伝統」を支える物語が生成されていくのである。

　物語が伝統を維持するために重要な働きをしているという点は、都築論文や大澤論文も同様である。なかでも都築が明らかにしているのは、一見、衰退・消失してしまったかのように思われた「伝統」が、資本主義・消費主義のもとで消費者の購買意欲を高めるために生み出された物語の力を借りて現代によみがえることである。反対に大澤論文は、資本主義・消費主義への代替的実践を

試みる農業従事者たちが、現在では効率が悪いと敬遠されるような「伝統的」農法を現代的にアップデートしながら奮闘する様子を描き出す。ここでは都築論文とは対照的に、資本主義や消費主義の代替的な物語を紡ぎだし、文化的持続可能性を模索する人々の姿が浮かび上がる。このように、伝統を維持しようとする目的や方法は事例によってさまざまである。しかし多くの場合、こうした活動は国家からの要請ではないし、人々はそれによって経済的な利益を導出することをおもな目的にしているわけでもない。それは、むしろ人々が生活空間を主体的かつ自律的に維持・運営するために行っていると考えることができる。

　ここで思い出されるのは、人類学者のデヴィッド・グレーバーによる「アナキズム」論である。グレーバーはアナキズムの語を、国家の転覆を目指す「無政府主義」を標榜する従来の意味ではなく、強固な支配のなかに実現性のある代案を見出す企図として用いている［グレーバー 2006］。こうしたアナキズム論は、さまざまな研究者によって継承・発展されている。ただし、現代におけるアナキズムの重要性を唱える論者たちの多くも、「外部」として存在する既存の制度を否定するわけではなく、そうしたものをうまく活用し、そこに取り込まれないようにしながら自分たちが安心して暮らしていける場所を切り拓いていくことを提唱している［e.g. 松村 2021］。

　ここまでみてきたように、消失させてしまうことのうしろめたさや義務感といったように、ときに不自由さを与えるようにも感じられる「伝統」は、他方で人々の生を充足させたり、協働に基づく連帯を作り出したりする契機ともなっているのである。これは私たちが一般的に連想するような、形式を重んじ、不変であることにこそ価値があるとするソリッドな「伝統」概念とは大きく異なる。「伝統」は文化を持続させるためのひとつのキーワードとして考えることができるが、それがどのように運用されるのかは個々の事例によって異なることがわかる。

## 7　おわりに：文化を共鳴させる

　前述したように、人類学は歴史的・文化的背景を考慮に入れながら、ローカルな生活世界を民族誌として描写することを目指してきた。このような特徴は、

人類学が新たな局面を迎えてからも続いている。そのため、人類学は国際機関のように統計的なデータに基づいて事象を分析し、地球規模の危機に対して何か有益な提言を行うことを目標としているわけではない。どちらかといえば人類学は、ミクロな視点から現地に生じている問題に対してアプローチを行うことを得意とし、ときに現地の問題に介入しながら解決策を示すことを目指してきた。このような地域の文脈に沿った「ローカルな文化」を記述していくことは、普遍性を目指す近代的開発への対抗となる可能性を秘める。とはいえ、このような発想に立つ人類学は、相互に関係性をもたない「個別の文化」の研究を乱立させてしまうのではないかという疑義を読者に生じさせてしまうかもしれない。すなわち、ある特定の事例から得られた知見はその文脈ゆえに有効性をもつのであり、他の事例に適用することはできないようにも感じられてしまう。しかし実際には人類学は個別の事例の分析に終始するわけではなく、複数地域で通用するような抽象度の高い理論を数多く提示してきたし、現在も産出し続けている。以上のように述べると今度は反対に、人類学もまた近代的開発論が陥ってしまったような、差異や多様性を顧みない「普遍性」を指向する学問に他ならないのではないかという疑念が生じてきてしまうかもしれない。このように「個別性」と「普遍性」は、しばしば相反する概念と捉えられがちである。

　しかしながら、筆者は「個別性」と「普遍性」は必ずしも対立する概念ではなく、相互に補完的な関係にあると考える。人類学者はそれぞれのフィールドにおもむき、個別の事例に向き合うことを通して、地球規模の問題がローカルな文脈でどのように表出しているかをフィールドで見定めようとしてきた。そして他方で人類学者は、フィールドで得たデータを持ち帰り、それに基づいて理論を組みなおし、洗練化させる作業を行ってきたのである。文化的持続可能性に対する人類学的なアプローチには、このような「個別性」と「普遍性」を行き来するようなダイナミックな視点こそが求められている。

　本書の執筆者は人類学者だけでなく、民俗学者や考古学者を含むが、フィールドワークや史料（資料）の分析において、必ず自己が属すると考える文化と、対象の文化との比較を行うことを通して、そこにみられる独特な思考法や世界観を引き出していることがわかる。その際に、かれらは必ずしも両者を俯瞰的

な視点から眺めているわけではない。ここにみられる姿勢は、現地の人々の視線に自らの視線を可能な限り重ね合わせることによって、対象を認識しようと努めることである。これは一般的に「内在的思考」と呼ばれる。この内在的思考を通じて明らかになるのは、自己と他者との差異を明らかにすることだけではなく、むしろ自己と他者がいかに類似しているかを見出すことでもある。

　このように考えれば、文化は必ずしも個別に存在するわけではないことがわかる。モニカ・ミネガルがいうように、人類学者は対立するかのように世界に存在する無数の文化を結びつけるようなカタリストの役割を果たすこともできるだろう［Minnegal 2004］。そこで求められているのは、一見、相互に関係性をもたないような文化の断片をつなぎ合わせるという作業である。たとえばアナ・チンは、異なる種類の基準（スケール）をもつ人々のあいだに、どのように共通の基準を設けるかを考察するうえで「スケール・メイキング」という概念を提起している［Murphy & Mcdonagh 2016：xxi］。インドネシアの熱帯雨林をフィールドとしたチンは、合法・違法の企業や環境保護団体、先住民といった、木材をめぐって集まるグローバルなアクターたちの交渉に着目する。利益を求めて世界中から集まるアクターたちが現地で起こす出来事は、たとえば言語の翻訳の際に生じる意味の微妙な「ずれ」から起きるトラブルのように予測不可能であり、不安定な状況が頻繁に発生する［Tsing 2005：3］。チンはそのような状況において、「誤解」など通常はネガティブに捉えられる不安定な軋轢のなかで行われる交渉を通じて、しだいに合意が形成されていくと述べる。彼女はこれを「ぎこちない結合（awkward engagement）」と呼んでいる［Tsing 2005：xi］。チンの発想はいささか楽観的に聞こえなくもないが、グローバルな支配の隙間に着目する彼女の発想は本書の論考にも通底する[16]。このように人類学的思考においては、つねに「個別性」と「普遍性」を行き来すること

---

[16]　ここまでの議論に鑑みれば、私たちはもういちどギアーツのローカル・ノレッジの概念に再注目してみることも有効であろう。ギアーツは地域住民が直面する問題に対処する独特の「やり方」をローカル・ノレッジと呼んだ［ギアーツ 1999］。これは、日本語において、しばしば「局所的な知」や「土着の知」と訳されるが、ギアーツはある特定の地域だけに通用する技法をそのように呼んだわけではなかった。人類学者の池田光穂は、この概念は個別の事例を相互参照点として、知的想像力を活性化させるようなダイナミズムを標榜するものだと述べる［池田 n.d.］。

によって、複数のフィールドの事例から理論を鍛え直していくところに特徴があるといえるだろう。本章ではこれを「文化の共鳴」と呼ぶことにしたい。このような文化が共鳴していく様子を考察するにあたっては、「時間」のファクターを考慮に入れることも重要であろう。フィールドで出会った事例を現地の人々とともに長期にわたって観察することでその変化を記述したり、あるいはフィールドへ積極的に介入を行った結果、そこにいかなる「化学反応」が生じていったのかを描き出したりすることは、まさに文化的持続可能性を考察するための人類学的なアプローチといえるのではないだろうか。

　本章ではここまで、文化的持続可能性を考察するにあたって人類学的思考がいかなる形で有用であるかを検討してきた。本書に収録された4編の論考は、地域も対象も異なる事例を扱っているが、そこにみられる「ローカルな知」は、文化的持続可能性を検討するうえで重要な視座を与えてくれる。

　もちろん本書所収の論考だけで日本における文化的持続可能性の特徴を全て捉えられたわけではなく、あくまでその一面を捕捉したに過ぎない。また反対に、本書では扱うことのできなかった「持続することができなくなってしまった文化」にも着目していくことが必要だろう。そして今後、文化的持続可能性という視点からより多くの事例を扱うことで、日本における特徴を浮き彫りにしていくことは私たちの課題でもある。今回の論者は人類学、民俗学、考古学を専門にする者たちであったが、さらに学際的な視点からのアプローチからひとつの事例を多面的に描き出すことによって、新たなパースペクティブを見出すことが可能になると考える。

**【引用・参考文献】**

池田光穂［n.d.］「ローカル・ノレッジという隠喩の分析」〈https://navymule9.sakura.
　　ne.jp/000616hel.html（2022年2月1日閲覧）〉
ヴェレ, L. & P. アルヌー／蔵持不三也（訳）［2020］『地図とデータで見るSDGsの世界ハ
　　ンドブック』原書房
岡本真佐子［1996］『開発と文化』岩波書店
奥野克巳［2021］「マンガとマルチスピーシーズのハイブリッド──より闊達な人類学の
　　ために」奥野克巳・シンジルト（編）MOSAマンガ『マンガ版マルチスピーシーズ
　　人類学』以文社, pp. 2-36.
ギアーツ, C.／梶原景昭（訳）［1999］『ローカル・ノレッジ──解釈人類学論集』岩波書店

ギデンズ, A. ／佐和隆光（訳）［1999］『第三の道――効率と公正の新たな同盟』日本経済新聞社

グレーバー, D. ／高祖岩三郎（訳）［2006］『アナーキスト人類学のための断章』以文社

国際連合広報局／八森　充（訳）［2018］『国際連合の基礎知識 第 42 版』関西学院大学出版会

斎藤幸平［2020］『人新世の「資本論」』集英社

自治体SDGs 推進評価・調査検討会［n.d.］「2021 年度SDGs 未来都市及び自治体SDGs モデル事業の総評」〈https://www.chisou.go.jp/tiiki/kankyo/teian/2021sdgs_pdf/sdgs_r3sohyo.pdf（2022 年 5 月 26 日閲覧）〉

関根久雄［2021］「はじめに」関根久雄（編）『持続可能な開発における〈文化〉の居場所――「誰一人取り残さない」開発への応答』春風社, pp. 7-28.

鶴見和子［1976］「国際関係と近代化・発展論」武者小路公秀・蝋山道雄（編）『国際学――理論と展望』東京大学出版会, pp. 56-75.

鶴見和子［1989］「内発的発展論の系譜」鶴見和子・川田　侃（編）『内発的発展論』東京大学出版会, pp. 46-47.

鶴見和子［1989］「アジアにおける内発的発展の多様な発現形態――タイ・日本・中国の事例」鶴見和子・川田　侃（編）『内発的発展論』東京大学出版会, pp. 241-262.

寺倉憲一［2010］「持続可能な社会を支える文化多様性――国際的動向を中心に」国立国会図書館調査及び立法考査局（編）『持続可能な社会の構築――総合調査報告書』国立国会図書館調査及び立法考査局, pp. 221-237.

内閣府［2021］「2021 年度 SDGs 未来都市等選定に係るQA」〈https://www.chisou.go.jp/tiiki/kankyo/teian/2021sdgs_pdf/14_qa1.pdf（2022 年 2 月 1 日閲覧）〉

中島　啓［2022］「特集「グローバル・サウス」と現代国際法の課題 序」『社会科学研究』73（2）: 1-3.

西川　潤［1989］「内発的発展論の起源と今日的意義」鶴見和子・川田　侃（編）『内発的発展論』東京大学出版会, pp. 3-42.

日本政策投資銀行大分事務所［2010］「現代アートと地域活性化――クリエイティブシティ別府の可能性」〈https://www.dbj.jp/upload/investigate/docs/kyusyu1009_01.pdf（2023 年 3 月 31 日閲覧）〉

早川　公［2021］「地方創生は持続可能なまちづくりの夢を見るか？――「SDGs 未来都市つくば」を事例として」『持続可能な開発における〈文化〉の居場所――「誰一人取り残さない」開発への応答』春風社, pp. 307-332.

藤田直哉［2014］「前衛のゾンビたち――地域アートの諸問題」『すばる』36（10）: 240-253.

前川啓治［2018］「「人類学的」とはどういうことか」前川啓治・箭内　匡・深川宏樹・浜田明範・里見龍樹・木村周平・根本　達・三浦　敦『21 世紀の文化人類学――世界の新しい捉え方』新曜社, pp. 13-47.

増田寛也（編）［2014］『地方消滅――東京一極集中が招く人口急減』中央公論新社

松村圭一郎［2021］『くらしのアナキズム』ミシマ社

宮本憲一［1990］「地域の内発的発展をめぐって」『鹿児島経大論集』30（4）: 55-83.

武者小路公秀・蝋山道雄（編）［1976］『国際学――理論と展望』東京大学出版会

山口未花子［2021］「語り合うカスカと動物霊」奥野克巳・シンジルト（編）MOSAマンガ『マンガ版マルチスピーシーズ人類学』以文社, pp. 107-144.

山越英嗣［2020］「アートによる「生活空間の脱植民地化」をめざして――オアハカの民衆聖像崇拝とアクチュアリティの共鳴」『国立民族学博物館研究報告』45(2): 359-382.

ラトゥール, B. ／川村久美子（訳）［2019］『地球に降り立つ――新気候体制を生き抜くための政治』新評論

Adams, W. M.［2017］Conservation from Above: Globalising Care for Nature. In Brightman, M. & J. Lewis（eds）*The Anthropology of Sustainability: Beyond Development and Progress,* pp. 111-126. Palgrave Macmillan.

Brightman, M., & J. Lewis（eds）［2017］*The Anthropology of Sustainability: Beyond Development and Progress.* Palgrave Macmillan.

Crutzen, P. J., & F. S. Eugene［2000］The "Anthropocene." *Global Change Newsletter* 41: 17-18.

Howell, S.［2017］Different Knowledge Regimes and Some Consequences for 'Sustainability.' In Brightman, M. & J. Lewis（eds）*The Anthropology of Sustainability: Beyond Development and Progress,* pp. 127-143. Palgrave Macmillan.

Latour, B.［2017］Anthropology at the Time of the Anthropocene: A Personal View of What Is to Be Studied. In Brightman, M. & J. Lewis（eds）*The Anthropology of Sustainability: Beyond Development and Progress,* pp. 35-49. Palgrave Macmillan.

Minnegal, M.［2004］Sustainable Environments, Sustainable Communities: Potential Dialogues between Anthropologists, Scientists and Managers. *SAGES Research Papers 21,* The University of Melbourne.

Murphy, F., & P. McDonagh（eds）［2016］*Envisioning Sustainabilities: Towards an Anthropology of Sustainability.* Cambridge Scholars Publishing.

Tsing, A. L.［2005］*Friction: An Ethnography of Global Connection,* Princeton University Press.

# 事項索引

# 人名索引

執筆者紹介（執筆順、* は編著者）

原　知章*（はら ともあき）
早稲田大学 人間科学学術院 教授
担当：序章

松田俊介（まつだ しゅんすけ）
東北芸術工科大学 芸術学部 歴史遺産学科
講師
担当：第 1 章

酒井貴広（さかい たかひろ）
早稲田大学 文学学術院 非常勤講師
担当：第 2 章

都築由理子（つづき ゆりこ）
早稲田大学 人間総合研究センター
招聘研究員
担当：第 3 章

大澤　誠（おおさわ まこと）
岡山大学 グローバル人材育成院 非常勤講師
担当：第 4 章

山越英嗣（やまこし ひでつぐ）
都留文科大学 文学部 比較文化学科 准教授
担当：第 5 章

文化的持続可能性とは何か
文化のゆるやかな共鳴を捉えるために

2023 年 8 月 20 日　　初版第 1 刷発行

編著者　原　　知章
著　者　松田俊介・酒井貴広・都築由理子・
　　　　大澤　　誠・山越英嗣
発行者　中西　　良
発行所　株式会社ナカニシヤ出版
　〒606-8161　京都市左京区一乗寺木ノ本町 15 番地
　　　　　　　　　Telephone　　075-723-0111
　　　　　　　　　Facsimile　　 075-723-0095
　　　　　Website　http://www.nakanishiya.co.jp/
　　　　　Email　　iihon-ippai@nakanishiya.co.jp
　　　　　　　　　郵便振替　　01030-0-13128

印刷・製本＝ファインワークス／装幀＝白沢　正
Copyright © 2023 by T. Hara
Printed in Japan.
ISBN 978-4-7795-1728-0